元銀行員×経営者が教える幸せになるための事業承継とM&A

株式会社
テイクコンサルティング
松丸史郎
Shiro Matsumaru

CROSSMEDIA PUBLISHING

はじめに

私がM&Aコンサルタントとしての道を歩み始めたのは、ある大きな転機がきっかけでした。

私は株式会社十六銀行に入行し、22年間勤めていました。そして２０１０年の十六銀行による岐阜銀行の子会社化、２０１２年の吸収合併のプロジェクトの中で、岐阜銀行へ出向していました。

この吸収合併という十六銀行のコーポレートアクションに際して、当時岐阜銀行に所属していた数百人という人材が銀行を去っていく様子を目の当たりにしたのです。

この事実は、私の心に大きな疑問を投げかけました。

「はたして、これが本当に『幸せなM&A』なのだろうか?」

この疑問は、私のそれまでの銀行員人生を根底から揺るがすものでした。

一銀行員として、私は数々のM&Aに携わる中で、企業の成長を支援し、日本経済の発展に貢献したいと願ってきました。しかし、目の前で繰り広げられた光景は、私の理想とはあまりにもかけ離れていたのです。

この大量離職は、M&Aが人々の幸せを必ずしも保証するものではないことを、私に突きつけたのです。

この経験を通じて、私は自らの力不足を痛感しました。

銀行員の立場では、M&Aによって生じてしまう人々の不幸を、全て救うことはできない。そんな無力感に、私は打ちのめされました。

しかし同時に、この経験は、私に新たな使命を与えてくれました。

「自分自身が、『幸せなＭ＆Ａ』の導き手となろう」

私は、Ｍ＆Ａを通じて、企業だけでなく、そこで働く一人ひとりの幸せを実現したい。そのために、Ｍ＆Ａコンサルタントとして、「株式会社テイクコンサルティング」を創業したのです。

以来、私は日本の中小企業の再生と発展を支援するＭ＆Ａコンサルタントとして、日々奮闘しています。

事業継承とＭ＆Ａは、多くの企業の生存戦略・成長戦略であると同時に、人生の岐路でもあります。だからこそ、私は「一人の経営者」として寄り添い、その想いに耳を傾けながら、最適な解決策を共に探っていきたいのです。

時には長期的な対話と取り組みが必要になることもあるでしょう。

しかし、それこそが、真の意味で「幸せな事業承継とＭ＆Ａ」を実現するために不可欠なプロセスなのです。

本書では、そうした私の理念と、これまでの経験から得た学びを、余すところなくお伝えしております。

そして、今日に至るまで、共に歩んできた知人との対話を通じて数多くの気付きを盛り込んだつもりです。

日本の中小企業が抱える問題と、その解決に向け奮闘する私の姿を通して、読者の皆様と会社にとって、本当の幸せとは？　という本質を感じ取っていただければ幸いです。

「幸せな事業承継とM&A」の実現に向けて、ともに一歩を踏み出しましょう。皆さまとともに、新たな時代の扉を開けていけることを、心から楽しみにしています。

目次◉元銀行員×経営者が教える 幸せになるための事業承継とM&A

第1章

私がM&Aコンサルタントになったワケ

第2章 M＆A業界の「今」と「テイクだからできること」

第3章

「幸せな事業承継とM&A」とは？

第4章 日本の中小企業の10年後を想って

第5章

多くの相談者さまの声に応えるQ＆A

第6章　共にM&Aを成功に導いてきた方々の声

カバーデザイン　城 匡史
DTP・図版制作　石澤義裕（Kosovo）
編集協力　百川草太郎
内容監修　三谷 淳、新開智之
取材協力　竹内 要、平賀正幸、倉地 猛

第

1

章

私がM＆A
コンサルタントに
なったワケ

日本の中小企業の現状

7割の中小企業が赤字経営に陥っている

日本の中小企業は、全企業数の99・7%を占め、国内の従業員の7割以上を雇用する、まさに日本経済の屋台骨といえる存在です。

しかし、現在、この中小企業が深刻な危機に直面しています。

中小企業庁の調査によると、全国の中小企業の約7割が赤字経営に陥っており、2023年には年間8690件もの中小企業が倒産するなど、事態は一層深刻さを増しています。

この危機的状況の背景には、長引く景気低迷や人口減少による国内需要の縮小、大手企業との競争激化、原材料費の高騰、人件費の上昇など、様々な要因が複雑に絡み合っています。

しかし私は、その根底にある大きな原因が、中小企業の経営者自身の経営リテラシー不足によるものだと常々感じていました。

実際、赤字経営に陥っている中小企業の多くは、自社の収益構造を正しく把握できておらず、適切なコスト管理ができていないのが実情です。

具体的な例を挙げると、売上高が伸び悩む一方で、固定費の削減に手を付けられず、赤字が拡大する悪循環に陥っている……というケースが数多く存在しているのです。

また、事業における選択と集中ができておらず、限られた経営資源を分散させてしまっていることも、収益力の低下につながっていると感じています。

加えて、人材育成の面でも、多くの中小企業に課題が見られます。

経営規模ゆえに人的リソースが限られているなか、従業員のスキルアップや、後継者の育成に十分な投資ができておらず、将来的な成長の基盤が脆弱になっているのです。

特に近年ですと、経営者自身の高齢化が進む中で、事業承継の問題は深刻化しており、廃業に追い込まれるケースも増えています。

さらに、販路開拓やマーケティングの面でも、中小企業の多くが苦戦を強いられています。大手企業に比べ、広告宣伝費や販促活動に充てる予算が限られているため、新たな顧客の獲得が難しく、売上高の伸び悩みにつながっているのです。

特に、インターネットやSNSを活用したデジタルマーケティングの分野では、中小企業の出遅れが目立っています。

こうした経営リテラシー不足の問題は、中小企業経営者の高齢化、従業員の育成問題と密接に関係しています。

多くの経営者が、若い頃から自社の事業に携わり、長年の勘と経験を頼りに経営を行ってきました。

しかし、時代の変化に対応できず、新たな経営手法の導入に踏み切れないケースが多いのです。また、ITやグローバル化など、新たなビジネス環境に適応できない経営者も少なくありません。

中小企業の存亡を担う「事業承継」と「M&A」

中小企業経営者の生存戦略は数多くあれど、その事業規模や業態によっては実行が難しい側面もあります。

そこで、私が提案するのが「事業承継」と「M&A」です。

中小企業の危機的状況を打開し、その優れた技術を未来に繋ぐためには、事業承継とM&Aが極めて重要な役割を果たします。

私たちテイクコンサルティングは、この課題に真正面から取り組み、中小企業の再生と発展を支援していく使命を担っています。

中小企業の多くは、長年にわたって培ってきた独自の優れた技術力や、ニッチ市場での安定したシェアを誇っているケースも数多く存在します。しかし、経営者の高齢化や後継者不在などの問題から、その技術を次世代に引き継ぐことができずに、廃業を余儀なくされるケースが増えていることは前述した通りです。

事業承継は、こうした優れた技術を次世代に引き継ぎ、中小企業の持続的な発展を実現するための重要な手段です。

同時に、M&Aも中小企業の技術を未来に繋ぐための有効な手段です。

優れた技術を持ちながらも、経営資源の不足から成長が限界に達している中小企業も少なくありません。M&Aを通じて、他社との連携を図ることで、販路の拡大や、設備投資の促進、人材の確保など、新たな成長機会を創出することができます。

しかし事業承継やM&Aに最適な譲渡先を選ぶことも、決して簡単な道のりではありません。そこで必要になるのが「経営者目線のアドバイザー」です。

経営者目線のアドバイザーとは、それぞれの企業の強みと弱みを適切に分析し、最適なM&Aの相手先を一緒に模索してくれる存在を指します。

さらにM&A後の成長を目指して、中小企業の技術力を活かした業界再編や、異業種との連携など、戦略的なM&Aを検討する場合にも経営者目線のアドバイザーがいることが有効な一手となります。例えば、ものづくり企業とIT企業の連携により、スマート工場化や優れたECを実現するなど、新たなイノベーションを生み出すことも視野にM&Aを推し進めることもできるのです。

ただし、事業承継やＭ＆Ａは、中小企業にとって容易な決断ではありません。創業者の思い入れや、従業員の不安など、様々な障壁が存在します。アドバイザー選びには、そういった創業者や現場のスタッフの「心」に寄り添い、中小企業経営者との信頼関係を構築し、その想いに寄り添いながら、最適な解決策を提案できる人材を選ぶことが必要になります。

数ある大手のＭ＆Ａ仲介会社ではなく、なぜ私たちテイクコンサルティングがみなさまからの支持を得て、今回書籍を出す運びとなったのか。

その選ばれる理由につきましては、２章にて詳しくお話をさせて頂きます。

日本の中小企業は3つの「不足」に陥っている

日本の中小企業は、現在、深刻な「3つの不足」に直面しています。

それは、「人材育成能力不足」「後継者不足」「リテラシー不足」です。

この3つの不足が複雑に絡み合い、中小企業の持続的な発展を阻む大きな障壁となっています。

①人材育成能力

まず、「人材育成能力不足」について詳しく見ていきましょう。

中小企業は、大企業に比べて人材育成に割ける資源が限られています。教育研修の予算や、人材開発の専門部署を持たない企業が多いのが実情です。また、日々の業務に追われ、人材育成に十分な時間を割けないのも中小企業の特徴です。

加えて、中小企業の経営者自身が、人材育成の重要性を十分に認識できていないケースも少なくありません。人件費の削減を優先し、従業員の能力開発に投資をしない経営者も実際に多く存在しているのです。こうした状況下では、従業員のスキルアップや、次世代リーダーの育成が困難になります。

実際、多くの中小企業で、従業員の能力開発が不十分なまま、年を重ねていく状況が見られます。新たな技術やノウハウの習得が進まず、生産性の向上も期待できません。また、優秀な人材が育たないことで、イノベーションの創出も難しくなります。

人材育成能力不足は、中小企業の競争力を低下させ、持続的な成長を阻む大きな要因となっています。この問題への対策として、経営者自身が人材育成の重要性を再認識し、社内の人材開発体制を整備していく必要があるのです。

②後継者不足

次に、「後継者不足」の問題についてです。

中小企業の経営者の高齢化が進む中、事業承継の問題は喫緊の課題となっています。しかし、多くの中小企業で、後継者の確保が難航しているのが実情です。

この原因はどこにあるのでしょうか？

後継者不足の背景には、様々な要因があります。

少子化の影響で、経営者の子息が減少していることも一因です。また、長時間労働や低賃金など、中小企業特有の労働環境の厳しさから、若者が中小企業の経営を敬遠する傾向もあります。

加えて、事業承継に対する経営者自身の意識の低さも、後継者不足に拍車をかけています。また、自分の代で事業を終えればいいと考える経営者も少なくありません。早めの事業承継準備に着手せず、後継者の育成も怠ってしまうのです。

後継者不足は、中小企業の存続を危うくする深刻な問題です。

事業承継が円滑に進まない中小企業は、結局廃業を余儀なくされます。その結果、優れた技術や雇用が失われ、地域経済にも大きな打撃を与えかねません。

③リテラシー不足

最後に、「リテラシー不足」の問題について見ていきます。

ここでいうリテラシーとは、経営に関する基本的な知識やスキルを指します。財務管理、人材管理、マーケティングなど、経営に不可欠なリテラシーが不足している中小企業経営者が少なくないのです。

特に財務管理のリテラシー不足は、企業の存続と成長を脅かす深刻な問題です。財務管理は、企業経営の根幹をなす重要な機能であり、その知識やスキルを欠けば、健全な経営は望めません。

経営者による財務管理のリテラシー不足は、様々な形で中小企業の経営を圧迫します。例えば、キャッシュフロー管理の重要性を理解できていない経営者は、資金繰りに窮し、事業の継続が困難になります。売掛金の回収や、買掛金の支払いなど、資金の流れを適切にコントロールできなければ、たちまち資金ショートに陥ってしまうのです。

また、実は多く存在する「財務諸表の読み方を知らない経営者」問題です。これでは自社の財務状況を正確に把握できません。損益計算書や貸借対照表など、財務諸表は会社の健康診断書とも言えるものです。これを適切に分析し、経営の意思決定に活かせなければ、事業の舵取りを誤ってしまいます。

加えて、原価管理の知識不足も、中小企業経営者に共通する課題です。製品やサービスの原価を正確に把握し、適正な価格設定を行うことは、収益性の向上に直結します。しかし、原価計算の手法を知らない経営者は、採算性の低い事業を続けてしまったり、値引き競争に巻き込まれたりと、経営の健全性を損ねてしまいます。

こうした財務管理のリテラシー不足は、創業者の多くが財務の専門教育を受けていないことに起因しています。

経営者の多くは、自社の事業に関する知識やノウハウは豊富ですが、財務管理については独学で学んできたケースが少なくありません。その結果、体系的な財務知識を身につけられず、経営の意思決定に活かせていないのが実情なのです。

財務管理のリテラシー不足を解消するためには、経営者自身が学ぶ姿勢を持つことが何より重要です。日々の業務に追われる中で、財務の勉強に時間を割くのは容易ではありません。しかし、自社の存続と成長のためには、継続的な学習が欠かせません。

またこれらのリテラシーを現場のスタッフに浸透させることも極めて重要になります。トップのみが財務の知識を有しており、実際に在庫管理や売買を行うスタッフにその知識が落とし込まれていないケースも多々存在します。

ここまでに、中小企業が直面する「3つの不足」について見てきました。人材育成能力不足、後継者不足、リテラシー不足は、いずれも中小企業の持続的な発展を阻む深刻な問題です。これらの問題を放置すれば、日本経済の屋台骨である中小企業の基盤が揺らぎかねません。

中小企業は、日本経済の多様性と活力の源泉です。その潜在力を十分に発揮するためには、3つの不足の解消が急務です。中小企業経営者と、政府、支援機関が一体となって、この課題に取り組んでいくことが、日本の未来を切り拓く鍵となると私は考えています。

なぜ、私がM&Aコンサルタントになったのか？

●銀行員として支援できる限界

私がM&Aコンサルタントになったのは、22年間という長い銀行員生活で感じた忸怩たる思いが大きなきっかけでした。

銀行に入社した当初は、中小企業の成長を支援し、日本経済の発展に貢献できると意気込んでいました。しかし、実際の業務は、融資審査や債権管理が中心で、中小企業の真の課題解決には程遠いものでした。

特に、バブル崩壊後の不良債権処理の時期には、多くの中小企業が経営難に陥り、私たち銀行員は、貸し剥がしや担保処分に追われる日々が続きます。中小企業経営者の苦悩を目の当たりにし、何かできることはないのかと思い悩む毎日でした。

しかし、銀行の立場では、最終的には「お金を貸すこと」しかできません。もっと他に、経営改善のアドバイスや、事業再生の支援など、本来なすべきことがあるのに……。それを十分に行えていないもどかしさを常に感じていました。また、銀行の融資姿勢は、どうしても短期的な視点に偏りがちです。中小企業の経営課題は、一朝一夕には解決できません。長期的な視点に立った伴走支援が不可欠なのに、それができない銀行の限界を痛感していました。

一方で、日本には約350万社の中小企業が存在し、その多くが後継者不在や技術継承の問題を抱えています。事業承継の問題は、日本経済の根幹を揺るがしかねない重要な課題であり、銀行員の立場でも危機感を募らせていたのです。

そんな中、私は中小企業のM&Aに携わる機会を得ました。

M&Aは、後継者不在の中小企業と、成長意欲の高い企業をマッチングさせ、優れた技術を次世代に引き継ぐ有効な手段です。この仕事に携わるうちに、中小企業の支援に向けた新たな可能性を感じるようになりました。

銀行では、融資以外の支援はなかなかできません。しかし、M&Aコンサルタントになれば、中小企業の真の経営課題に向き合い、事業承継の問題解決に直接貢献できる。そんな思いが日に日に強くなっていきました。

とはいえ、M&Aコンサルタントへの転身は、簡単な決断ではありませんでした。22年続けてきた銀行員の地位を捨て、M&Aの世界に飛び込むことへの不安もありました。しかし、中小企業を支援したい、日本経済の発展に貢献したいという想いが、その不安を上回りました。

かくして、私は銀行を退職し、M&Aコンサルタントとしての一歩を踏み出しました、既に10年が経過しました。今も変わらず、中小企業経営者と向き合い、その想いに寄り添いながら、国内の中小企業の問題解決に全力で取り組んでいます。

日本の中小企業を未来に繋ぐために

M&Aは、中小企業の優れた技術を次世代に引き継ぎ、日本経済の持続的な発展を実現するための重要な手段です。私は、銀行員時代の経験を活かしながら、中小企業の潜在力を引き出し、新たな成長の道筋を切り拓いていくことが使命だと考えています。

再三お話しをしていますが、日本における中小企業は、地域経済の中核を担う存在です。その技術や雇用を守り、地域の活力を維持していくためにも、M&Aの果たす役割は大きいと感じています。地方の隅々まで足を運び、現場の声に耳を傾けながら、最適な事業承継の解決策を提案していきたいと考えています。

また、M＆Aは、単なる企業の売買ではありません。

異なる企業文化や価値観を融合させ、シナジーを生み出していくことが重要です。

そのためには、両社の強みを活かし、弱みを補完し合える関係を構築していく「PMI(※)」が必要になります。私は、その橋渡し役として、丁寧なコミュニケーションを重ねながら、円滑なM＆Aを実現しています。

銀行員時代の忸怩たる思いを胸に、中小企業の無限の可能性を切り拓いていく。

それが、私がM＆Aコンサルタントを志した理由であり、使命なのです。

(※) PMI (ポストマージャーインテグレーション)：M&A後の統合プロセスのこと。

あなたの会社の10年後を想像できますか？

●重要だけど、緊急ではない課題「M&Aと事業承継」

読者のみなさまの中で、既に今会社経営を行っている方々に問います。
あなたの会社の10年後を想像できるでしょうか？
10年後、あなたの会社はどのような姿になっているでしょうか。
売上高や利益率は伸びているでしょうか。
新しい事業や商品は生まれているでしょうか。
そして、あなた自身は経営の最前線に立ち続けているでしょうか。

多くの経営者は、日々の業務に追われ、会社の将来像を描くことに十分な時間を割けていないのが実情です。特に、目の前の課題解決に注力するあまり、長期的な視点から経営を考えることを怠りがちです。

しかし、会社の将来を見据えることは、経営者の重要な責務の一つです。その中でも特に重要なのが「イグジットを考えること」です。

イグジットとは、経営者（創業者）の出口戦略の一つを意味します。イグジットには、事業の売却や、後継者への承継など、様々な形態がありますが、いずれにせよ、経営者は会社の未来を他者に託す決断をしなければなりません。

経営者のM＆Aは「重要だけど、緊急ではない」課題、いわゆる「第二象限」に位置づけられる経営課題です。

アイゼンハワー・マトリックス

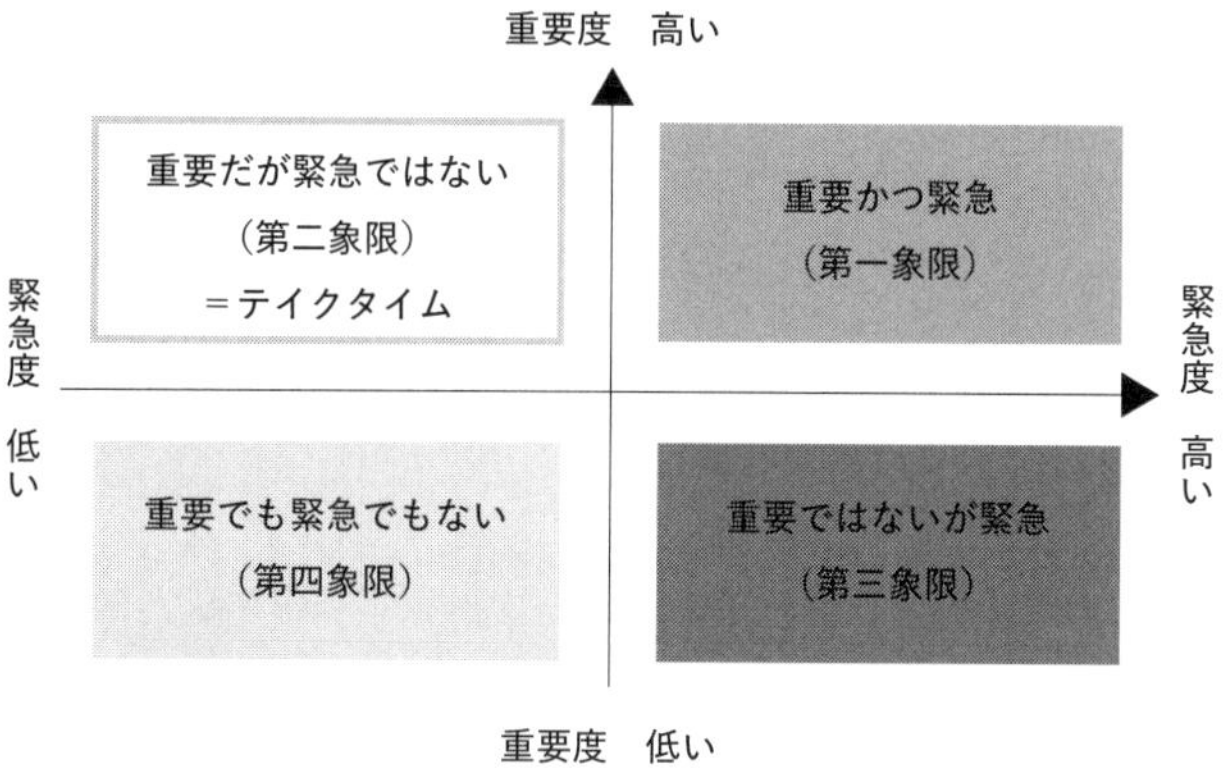

「第二象限」とは、アイゼンハワー・マトリックスという時間管理の手法で使われる概念です（上記の図）。タスクを「重要度」と「緊急度」の2軸で分類し「重要だけど緊急ではない」タスクを第二象限と呼びます。第二象限のタスクは、長期的な視点で早めに取り組むべき重要な課題ですが、目先の緊急タスクに押されて後回しにされがちです。

経営者のM&Aは、まさにこの第二象限に当てはまります。会社の永続的な発展のためには不可欠な課題ですが、日々の業務に追われる中で、つい先送りにしてしまいがちなのです。

しかし、M&Aの準備は、早ければ早いほど良いのが実情です。

特に、後継者の育成には長い時間がかかります。優秀な人材を見極め、計画的に経営ノウハウを伝承していく必要があります。また、M&Aを選択肢に入れるなら、早い段階から情報収集を始め、最適な相手先を探す必要もあります。

にもかかわらず、多くの経営者は、M&A・事業承継の準備を後回しにしています。

極端な例ですが、もし経営者や創業者が急逝した場合、後継者が不在のまま会社が路頭に迷ってしまうかもしれません。

事業承継が円滑に進まず、優秀な社員が離散してしまう危険性もあります。最悪の場合、会社の存続すら危ぶまれる事態に陥りかねません。

こうした事態を避けるためには、創業者が元気なうちから、イグジットの準備に着手することが大切です。第二象限の課題だからこそ、計画的に時間を割いて取り組む必要があるのです。

決断は先でも、検討は今からだ

あなたは、自社のM&A・事業承継プランを描けているでしょうか。

10年後、20年後を見据えたとき、あなたはどのようにして会社を承継させていきますか？


多くの経営者は、事業承継を考えることに消極的です。

自分が築き上げた会社を手放すことへの抵抗感があるのは当然です。しかし、イグジットを考えることは、会社の永続的な発展のために不可欠なのです。

特に、経営者の高齢化が進む中、事業承継プランの重要性は増しています。

60歳を過ぎると、経営判断や思考の柔軟性も失われ始めると言われています。新しい事業環境への適応力や、リスクのある投資の意欲も低下しがちです。

中小企業の現場を見ると、60歳を超えた経営者の多くは「もう少し現役を続けたい」と考えています。しかし、会社の将来を考えれば、早めの事業承継を視野に入れる必要があります。

経営者の高齢化が進むほど、事業承継の選択肢は限られてきます。優秀な後継者の確保も難しくなるでしょう。

事業承継とM&Aを考えることは「会社の未来を守ること」につながります。

経営者の交代期を見据え、計画的に後継者を育成することで、スムーズな事業承継が可能になります。また、M&Aを選択肢に入れることで、会社の継続と発展の可能性も広がります。

ただし、事業承継プランの策定は、一朝一夕にはできません。後継者の育成にも、

M&Aの準備にも、相応の時間がかかります。早い段階から検討を始め、綿密な計画を立てる必要があります。

この本を手に取っている方は、経営者の方が多いかと思います。

あなたは、イグジットに向けた準備を始めているでしょうか。もし、まだ何も手をつけていないのなら、今すぐ行動を起こすべきです。

決断は先でも、検討は今からでも遅くありません。

まずは、自社の将来像を描くことから始めましょう。

10年後、20年後の会社の姿を具体的にイメージしてください。売上高や利益率の目標を設定し、実現に向けた戦略を立案します。その上で、自分自身の事業承継のタイミングを考えます。

そして早めに情報収集を始めましょう。

自社の強みや弱みを整理し、最適なM＆Aの相手先を探ります。事業承継には様々な手法があります。自社に合ったやり方を見つけ出すことが重要です。

事業承継プランの策定は、経営者の孤独な作業になりがちです。

しかし、一人で抱え込む必要はありません。ギリギリで駆け込むことになる前に、私たちのような長期的な伴走を得意とする外部の専門家に相談することをおすすめします。客観的な視点から、自社の将来像やイグジットプランを評価してもらうことで、より現実的な計画を立てられるはずです。

また、イグジットを考えることは、経営者自身の人生設計にもつながります。会社を去った後の人生をどう過ごすか。新たなチャレンジに踏み出すのか、ゆとりある余生を送るのか。自分の人生の目標を見つめ直す良い機会にもなります。

自社の将来像を描き、後継者育成やM＆Aの準備を始めましょう。

そして、自分自身の人生設計についても考えを巡らせてください。経営者として、そして一個人として、充実した未来を築くために、今から行動を起こすことが大切なのです。

ここまで日本の中小企業の現状と、それに対する私の思いをお伝えしてきました。次の章では、M&Aや事業継承を検討し始めた方々へ向けたM&Aの「今」を課題と対策のセットで解説していきます。

MAとIPO、どっちがお得？

自社の発展や事業承継を検討する経営者にとって、M＆AとIPO（上場）のどちらを選択するかは重要な選択。一概にどちらが有利とは言えませんが、それぞれのメリット・デメリットを理解した上で、自社の状況に合わせて判断することが重要です。

M＆Aのメリット
・比較的短期間で資金化できる
・経営の悩みから解放される
・買収先の経営資源を活用できる
M＆Aのデメリット
・企業文化の違いから従業員のモチベーション低下やコンフリクトが生じ得る
・買収先への経営の主導権を失う
・事業内容によっては買い手を見つけるのが難しい

IPOのメリット
・社会的信用の向上により、優秀な人材確保や取引先拡大が期待できる
・株式市場から資金調達できる
・オーナー経営者としての経営の主導権を維持できる
IPOのデメリット
・上場準備に時間と費用がかかる
・株価変動による影響を受ける
・ステークホルダーへの説明責任が増す

簡単にいってしまえば、早期の資金化と経営悩みからの解放を望むならM＆Aが、社会的信用の向上と経営の主導権維持を重視するならIPOが選択肢に上がります。

第
2
章

M＆A業界の「今」と「テイクだからできること」

国内M&Aのいびつさ

●大手寡占による弊害

国内のM&A市場は、様々な構造的な歪みを抱えており、中小企業の円滑なM&Aを阻む大きな障壁となっています。

その中でも特に深刻な問題点が以下の3つです。

①大手寡占と高価格化
②ノルマ・コスト主義の横行
③サラリーマンコンサルタントによる未熟なサポート

①大手寡占と高価格化

まず大手Ｍ＆Ａ仲介会社による寡占状態です。

国内のＭ＆Ａ仲介市場では、少数の大手仲介会社がマーケットの大半を占めています。この寡占状態が、Ｍ＆Ａ市場の健全な発展を阻害しているのです。

大手仲介会社は、自社の利益を優先するあまり、高額な手数料を設定し、中小企業にとってＭ＆Ａのハードルを上げています。

加えて、自社に有利な案件に偏重する傾向が強く、中小企業の多様なニーズに柔軟に対応できていないのが実情です。

実際、国内のＭ＆Ａ市場では、仲介料の高騰が深刻な問題となっています。大手仲介会社の寡占状態が、仲介料の上昇に拍車をかけているのです。

規模の小さい中小企業にとって、高額な仲介料は、Ｍ＆Ａを検討する上で大きな障壁となります。Ｍ＆Ａに踏み切るための初期投資が膨らみ、財務的な負担が重くのしかかるのです。

結果として、本来ならばM＆Aによって成長の機会を得られるはずの中小企業が、費用面での障壁から、M＆Aを断念せざるを得ないケースが後を絶ちません。

②ノルマ・コスト主義の横行

さらに、大手仲介会社の中には、ノルマ・コスト主義が蔓延している点も看過できません。

仲介案件の数を増やすことが至上命題となるあまり、案件の質への配慮が疎かになっているのです。中小企業の経営実態を十分に理解することなく、安易にM＆Aを推奨するケースが少なくありません。短期的な利益を追求するあまり、中小企業の長期的な成長を見据えたアドバイスができていないのが現状です。

③サラリーマンコンサルタントによる未熟なサポート

加えて、M＆Aのサポート体制の不備も大きな問題です。

大手仲介会社の多くは、Ｍ＆Ａの経験が乏しいサラリーマン出身のコンサルタントを起用しています。

彼らは大手金融機関出身の方が多数を占めています。加えて彼らの多くは、相談者である中小企業経営者の様な、起業経験やＭ＆Ａ・事業承継の経験を経ていません。

そのため、経営の実相を理解しておらず、的確なアドバイスを提供できず、ある種の机上の空論に終始し、現場の実態に即したサポートができていないと聞き及んでいます。

実際にＭ＆Ａを検討する中小企業の経営者からは、「仲介会社のサポートに不満がある」といった声が絶えません。

自社の事業や業界に精通していない担当者から、表面的なアドバイスしか得られず、Ｍ＆Ａの本質的な課題に踏み込んだ議論ができていないというのです。

Ｍ＆Ａは、経営者にとって人生を左右する一大決断。にもかかわらず、経験不足のコンサルタントに振り回され、本来議論すべき重要なポイントが置き去りにされているのが実情なのです。

こうした国内M＆A市場の歪みは、中小企業のM＆Aを阻む大きな障壁となっています。

なぜ、大手はノルマ至上主義に囚われてしまうのか？

また、大手はノルマ至上主義に走ってしまいがちな現状があります。

国内のM＆A市場において、大手仲介会社がノルマ至上主義に縛られている背景には、いくつかの要因が存在します。

その中でも特に大きな影響を与えているのが、株主の存在です。

①株主の存在

M&A仲介会社で検索した際に上位に上がるような企業の多くは、株式市場に上場しています。

上場企業である以上、株主の利益を最優先せざるを得ません。

株主は、どうしても短期的な業績の向上を求めます。なぜなら、業績の向上が株価の上昇につながり、株主利益の最大化に直結するからです。

この株主からのプレッシャーが、大手仲介会社をノルマ至上主義に駆り立てているのです。

②決算期というバイアス

加えて、決算期という、1年区切りの業績評価のバイアスも、ノルマ至上主義を助長しています。

多くの企業では、1年ごとに決算期が設定され、その期間内の業績が評価の対象となります。大手仲介会社も例外ではありません。1年という短いスパンで業績を上げ続けることが求められるのです。

この決算期のプレッシャーが、目先の案件獲得や実態を無視したM&Aを優先するノルマ至上主義を生み出す一因となっています。


こうしたノルマ至上主義は、M&A案件の質の低下を招く危険性があります。ノルマを達成するためには、案件の数を稼ぐことが至上命題となるからです。その結果、本来ならば紹介すべきでない案件まで、無理に契約を結ぶケースが出てきてしまいます。


また「塩漬け」案件や「放置」案件と呼ばれるものも存在します。

「塩漬け」案件とは、買い手がつかないまま長期間放置される案件のことを指します。本来ならば、買い手が見つからない時点で、案件を見直すべきです。

しかし、ノルマに追われる仲介会社は、案件を簡単に手放すことができません。契約を維持するために、無理に案件を抱え続けるのです。

一方、「放置」案件とは、買い手が見つかったにもかかわらず、仲介会社がその後のサポートに積極的に関与しない案件のことを指します。

成約ノルマを達成した時点で、仲介会社の関心は次の案件に移ってしまうのです。結果として、買い手と売り手の調整が円滑に進まず、双方が不幸になるリスクが高まります。

こうした「塩漬け」案件や「放置」案件は、M&Aの質を大きく低下させます。本来ならば、企業の成長を支援するはずのM&Aが、逆に企業の足かせになってしまうのです。

これまでに挙げたノルマ至上主義が招いた最悪のケースが、過去に大手M&A仲介会社による「粉飾決算」です。同社は、ノルマ達成を見せかけるために、成約前案件の売掛金を計上していたことが発覚しました。

この事件は、ノルマ至上主義の弊害を如実に示しています。株主や決算期のプレッシャーに屈するあまり、不正な手段に手を染めてしまう。M&Aの仲介会社としての本来の使命を忘れ、ただただノルマ達成に突き進む。その結果、M&Aの質は低下し、依頼企業の成長を阻害してしまうのです。

大手M&A仲介会社がノルマ至上主義に縛られている背景には、こうした構造的な問題が存在しています。株主の存在や決算期のプレッシャーが、短期的な業績の追求を促し、ノルマ至上主義を生み出しているのです。

しかし、M&Aの本来の目的は、企業の成長支援にあります。目先の業績だけを追い求め、案件の質を軽視するようでは、M&A仲介会社としての存在意義が問われかねません。株主や決算期のプレッシャーに惑わされることなく、長期的な視点で企業の成長を支援する。そのためには、ノルマ至上主義からの脱却が不可欠なのです。

中小企業の経営者のみなさまには、ノルマ至上主義に縛られない、中小企業に特化したＭ＆Ａ仲介会社を選ぶことをおすすめします。長期的な視点で中小企業の成長を支援する仲介会社と提携することで、より質の高いＭ＆Ａを実現できるはずです。

テイクコンサルティングだからできること

真のクライアントファーストとは？

国内のM&A市場において、真のクライアントファーストを実現するためには、大手仲介会社に蔓延するノルマ至上主義からの脱却が不可欠です。

クライアントの利益を最優先に考え、長期的な視点で企業の成長を支援する。それこそが、M&A仲介会社に求められる本来の姿なのです。

しかし、多くの大手仲介会社は、その理想からほど遠い状態にあることはこれまでに述べた通りです。

こうした状況では、クライアントファーストの実現は望むべくもありません。

この問題を解消するためには、ノルマの重圧から解放された仲介会社の存在が不可欠です。

テイクコンサルティングは、未上場で私がオーナーを務めています。未上場企業であれば、株主からの短期的な業績プレッシャーに悩まされることはありません。四半期ごとの決算で評価されるのではなく、長期的な視点で経営に取り組むことができるのです。

この自由度が、真のクライアントファーストを可能にします。

また、大手仲介会社の多くが、短期的な成約を目指すあまり、M&Aのみに特化しているのに対し、未上場の弊社は、より多様な支援を提供できる点も特徴です。

本来M&Aは、あくまでも企業の成長戦略の一つの選択肢に過ぎません。クライアントの真の課題解決のためには、M&A以外の選択肢も視野に入れる柔軟性が求められるのです。

例えば、事業拡大のための資金調達が課題であれば、エクイティファイナンスやデットファイナンスなどの財務支援が検討できます。

事業承継が課題であれば、株式の承継や相続対策など、M&Aとは異なるアプローチを提示することも可能です。あるいは、事業の合理化を進めるためには、コストダウンや組織再編などの経営改善策が有効かもしれません。

中小企業経営者の抱える課題は十人十色です。

その多様な課題に寄り添い、最適な解決策を柔軟に提案できる。それこそが、真のクライアントファーストの姿なのです。ノルマに追われる大手仲介会社には、そうした柔軟な対応は難しいでしょう。

豊富な経験とノルマ主義に縛られないコンサルティング

大手との違いで、一番大きな点が、創業者である私自身に「起業とＭ＆Ａの経験があること」が挙げられます。

大手仲介会社の多くは、金融機関出身のコンサルタントを起用しています。彼らの多くは、Ｍ＆Ａの実務経験が乏しく、クライアントの事業や業界への理解も不十分です。

これに対し、テイクコンサルティングには経験豊富なコンサルタントが集まっています。スタッフの多くは大手Ｍ＆Ａ仲介会社で活躍をしながら、その問題点に疑問を抱き、より企業経営者のそばに寄り添いながら伴走できる場を求めて弊社にきました。

彼らの持つ豊富なＭ＆Ａの仲介経験と「ノルマから脱却した長期的な伴走」のハイブリットが弊社の一番の強みです。

着手金0円で期日を設けず粘り強く

M&Aを検討する際に、最も重要視すべきポイントの一つが、仲介会社の伴走力ではないでしょうか。

単にM&Aの契約を結ぶだけでなく、その後の長期的な成長を見据えたサポートを提供してくれる仲介会社こそが、真のパートナーと呼べるはずです。

その点で、テイクコンサルティングの最大の強みは、徹底した伴走力にあります。弊社では、着手金0円というスタンスで、クライアントのM&Aを全力でサポートします。

着手金を取る多くの仲介会社の場合、着手金を受け取った時点で、ある意味ひとつのゴールを迎えてしまいます。その結果、仲介会社の関心は次の案件に移ってしまい、「One of them（いくつもある中のひとつ）」になってしまうのです。

また、弊社では、M&Aの期日を設けない点でも、他社とは一線を画しています。M&Aは、タイミングが全てです。前述した大手の様に、無理に期日を設けて、拙速なM&Aを進めては、クライアントのみなさまの利益を損ねてしまいます。

我々は、クライアントの真の課題解決のために、じっくりと腰を据えて、M&Aに取り組みます。最適な買い手が見つかるまで、粘り強く交渉を続ける。それこそが、テイクコンサルティングの伴走力の真骨頂なのです。

期日を設けず、粘り強く伴走する。

それは、並大抵のことではありません。

しかし、弊社はクライアントの成長を何よりも大切にする仲介会社だからこそ、その覚悟があるのです。

中小企業の経営者の皆様、M&Aは、会社の未来を大きく左右する重要な意思決定です。だからこそ、粘り強く伴走してくれる仲介会社を選ぶことが大切だとお分かりになったのではないでしょうか。

●弊社独自のシステム「テイクタイム」

まず前提として、中小企業の経営者というものは、往々にして孤独な存在です。事業に関する重要な意思決定を、一人で背負わなければならない。そんな経営者の皆様の孤独を、誰が理解してくれるでしょうか。

特に、事業承継やM&Aといった、会社の未来を左右する重要な意思決定は、一人で抱え込むには重すぎる課題です。

しかし、これらの問題は、目先の業績には直結しない、前述した「第二象限」（35ページ）の課題。日々の業務に追われる中で、じっくりと向き合う時間を確保することは容易ではありません。

こうした経営者の皆様の孤独と、第二象限の課題に真摯に向き合うために、テイクコンサルティングが提供するのが「テイクタイム」というサービスです。

「テイクタイム」は、経営者の皆様が、事業承継やM&Aについて、気軽に相談できる場を提供する弊社のサービスです。代表を務める私自身が、起業家でありM&A経験者として、経営者の皆様の相談に乗ります。

私は、経営者の皆様と同じ目線に立って、事業の悩みを共有します。

起業家として、M&A当事者として、経営の最前線で戦ってきた私だからこそ、経営者の皆様の孤独に共感できるのです。

「テイクタイム」では、経営者の皆様は、安心して私に「壁打ち」していただくことができます。事業承継やM&Aについての漠然とした悩みを、私に打ち明けてください。一緒に、その悩みの核心に迫っていきましょう。

「なぜ事業承継をするのか?」
「なぜ今考えなければいけないのか?」
「今の不安はどこからきているのか?」

「テイクタイム」では、こうした根本的な問いに向き合うことを大切にしています。「なぜ?」を繰り返し問い続けることで、自社の現状と未来が明確になっていくのです。

「テイクタイム」の最大の特徴は、長期的な視点に立った相談が可能な点です。

事業承継やM&Aは、一朝一夕には決められない重要な意思決定。じっくりと時間をかけて、腹落ちするまで考える必要があります。

「テイクタイム」は、この長期的な相談に真摯に向き合います。

例えば、ある相談者の方は、4年もの長期にわたって「テイクタイム」を活用し、最終的にM＆Aを成功させました。「テイクタイム」があったからこそ、自社の未来像を描き、最適なM＆Aの相手先を見つけることができたのです。

経営者の皆様には、「テイクタイム」を、自社の未来を描くための「壁打ちの場」としてご活用いただきたいのです。

一時でいいので日々の業務から離れ、事業承継やM＆Aについて、じっくりと考える時間を持つ。そこから、必ず、自社の未来への道筋が見えてくるはずです。

私は、「テイクタイム」を通じて、経営者の皆様の孤独に寄り添う伴走者として全力で取り組ませて頂きます。そして事業承継やM＆Aという、重要な意思決定に向き合う皆様を、長期的な視点で支え続けることをお約束します。

経営者の孤独を理解し、長期的な視点で伴走する。

それが、弊社の「テイクタイム」の約束です。事業承継やM＆Aについて、一人で悩まずに、ぜひ私にお声がけください。

東京プロマーケット、その魅力とは？

東京プロマーケットとは、東京証券取引所が運営する多様な中小・中堅企業向けの上場市場であり、IPOを目指す企業にとって魅力的な選択肢となっています。東京プロマーケットの最大の特徴は、上場基準が一般市場（プライム、スタンダード、グロース）に比べて緩和されており、時価総額の基準もないことから中小企業でも比較的短期間での上場が可能なことです。これにより、将来有望なスタートアップ企業が社会的信用の向上によって優秀な人材の確保や取引先の拡大により成長性の確保が期待できます。

また、東京プロマーケットでは、「J-Adviser」の資格を有する証券会社やコンサルティング会社が上場審査から上場後のガバナンスや開示に関する指導やサポートをしてくれるため、IPOに関する知見が乏しい企業でも安心して上場に臨むことができます。

加えて、東京プロマーケットでは「グロース市場」や「スタンダード市場」へステップアップを目指す企業が増加しています。企業の成長ステージに合わせた最適な市場として選択できるのも魅力の一つです。たとえばグロース市場は、将来の高い成長が見込まれる、バイオテクノロジーやAIなどの先端技術分野の企業が数多く上場しています。こうしたカテゴリーに当てはまらず上場できない企業が多いなか東京プロマーケットは、IPOを目指す企業にとって魅力的な選択肢になりえます。自社の成長ステージや特性に合わせた最適な市場を選択することで、企業価値の向上からの適切な資金調達が実現できるのです。

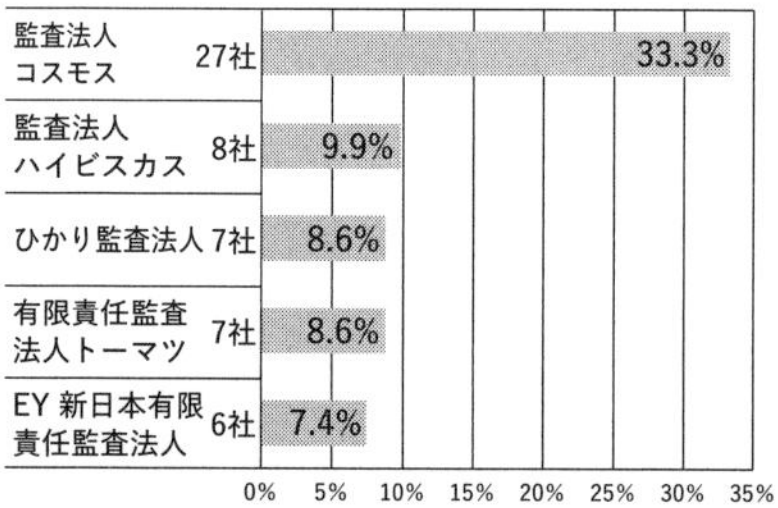

東京プロマーケットの主要監査法人のシェア状況（2024年5月時点）
※制作協力：監査法人コスモス

第

3

章

「幸せな事業承継とM＆A」とは？

私の描く、M&Aの成功の定義

M&Aは四方よしを目指す手段

M&Aの成功とは何でしょうか。
単に売買契約が成立すれば、成功と言えるのでしょうか。決してそうではないはずです。私は、M&Aの真の成功とは、「四方よし」の状態を実現することだと考えています。

私の提案する「四方よし」とは、会社（従業員）、取引先、株主、そして社会の四者が、全てWin-Winの関係になることを指します。M&Aを通じて、これら四者の利益が調和的に実現されてこそ、真の意味でのM&Aの成功と言えるのではないでしょうか。

まず、会社（従業員）にとってのWinとは何でしょうか。

M&Aによって、会社の成長戦略が加速し、従業員の雇用が守られ、働く環境が改善されること。これが、会社と従業員にとってのWinです。

次に、取引先にとってのWinとは何でしょうか。

M&Aによって、取引先との関係が強化され、共に成長していけること。これが、取引先にとってのWinです。

そして、株主にとってのWinとは何でしょうか。

M&Aによって、会社の企業価値が向上し、株主価値が高まること。これが、株主にとってのWinです。

最後に、社会にとってのWinとは何でしょうか。

M&Aによって、会社が持続的に成長し、雇用を創出し、地域経済に貢献すること。これが社会にとってのＷｉｎです。

Ｍ＆Ａは、これら四者のＷｉｎが調和的に実現されてこそ、真の意味で成功したと言えるのです。どれか一方の利益のみを追求するのではなく、四者のバランスを取ることが重要です。

ただし、ここで誤解してはいけないのは、Ｍ＆Ａはゴールではなく、あくまでも新たなスタートだということです。

度々お話をしていますが、Ｍ＆Ａの契約が成立しても、それで終わりではありません。むしろ、そこからが本当の勝負の始まりなのです。

Ｍ＆Ａによって新たに生まれた企業体は、シナジーを生み出し、持続的な成長を実現していかなければなりません。ＰＭＩと呼ばれる、Ｍ＆Ａ後の統合プロセスが極めて重要になるのです。

「四方よし」の状態を実現するためには、ＰＭＩにおいて、両社の強みを活かし、弱みを補完し合える関係を構築する必要があります。そのためには、両社の文化や価値観を尊重し、従業員の不安を払拭しながら、一体感のある組織を作り上げていくことが求められます。

Ｍ＆Ａは、新たなスタートを切るための強力な手段ですが、それだけが答えではありません。会社の成長戦略は、Ｍ＆Ａだけでなく、自社の強みを活かした事業展開や、他社との提携など、様々な選択肢があるはずです。

大切なのは、自社の未来像を明確に描き、その実現のために最適な手段を選択すること。Ｍ＆Ａは、その選択肢の一つに過ぎません。

Ｍ＆Ａを検討する際には、「なぜＭ＆Ａが必要なのか」「Ｍ＆Ａによって何を実現したいのか」という根本的な問いに向き合う必要があります。Ｍ＆Ａありきではなく、自社の未来像を起点に、戦略的な意思決定を下すことが重要なのです。

これが、私の考える「M&Aの成功の定義」です。

M&Aは、その企業が「四方よし」の実現を目指し、新たなスタートを切るための手段。それだけが答えではなく、自社の未来像を起点とした戦略的な選択が求められる。

中小企業の経営者の皆様には、この観点から、M&Aを戦略的に活用していただきたいと思います。M&Aを単なる手段として捉えるのではなく、自社の未来像を実現するための重要な選択肢の一つとして位置づけること。

そして、M&Aを選択した場合には、「四方よし」の実現を目指し、PMIに注力すること。M&Aは、新たなスタートを切るための第一歩に過ぎません。その先の持続的な成長を実現するために、PMIにおける統合プロセスに細心の注意を払っていただきたいのです。

そしてその実現のために、一人で悩まずまずは信頼のおけるホームドクターを据えて欲しいと、私は考えています。

M&Aにおけるホームドクターの重要性

M&Aと、その後のＰＭＩを成功に導くためには、経営者の強力なリーダーシップと、それを支える専門家の存在が不可欠です。

M&Aは、経営者にとって未知の領域。専門家の知見を借りながら、戦略的に進めていく必要があります。

特に、ＰＭＩのフェーズでは、両社の文化や価値観の融和、従業員の不安の払拭など、高度な組織マネジメントが求められます。経営者は、この難しいプロセスを限られたリソースのなかで乗り越えていかなければなりません。

こうした経営者の孤独と不安を理解し、M&AとＰＭＩのプロセスを真摯に伴走するのが、私たちの役割だと考えています。

私は、自身も起業家であり、M&Aの買収経験者でもあります。経営の最前線で戦ってきた経験を活かし、経営者の立場に立って、M&AとPMIをサポートします。

M&Aの検討段階から、PMIの完了に至るまで、私は経営者の近くで寄り添い続け、常に相談できる存在でありたいと考えています。


第2章でお話をさせていただいた「テイクタイム」(60ページ)も同様ですが、M&Aの検討段階では「なぜM&Aが必要なのか」「M&Aによって何を実現したいのか」という根本的な問いに向き合うお手伝いをします。M&Aの戦略的な位置づけを明確にし、経営者の意思決定を支援します。

M&Aの実行段階では、買収先の選定から、デューデリジェンス、契約交渉に至るまで、プロセス全体を通してサポートします。経営者の意向を踏まえつつ、専門家の立場から、戦略的なアドバイスを行います。

そしてＰＭＩのフェーズでは、経営者の右腕として、統合プロセスを支援します。両社の文化や価値観の融和、従業員とのコミュニケーション、組織構造の再設計など、ＰＭＩに関わる様々な課題に、経営者と共に立ち向かいます。

このように、私は第三者というフラットでイーブンな立場から、経営者にとってのかかりつけ医、つまり「ホームドクター」でありたいと考えています。経営者の不安や不満を取り除き、Ｍ＆ＡとＰＭＩのプロセスにおける経営者の意思決定を、常に真摯に支援する存在でありたい。

経営者の孤独と不安に寄り添い、戦略的な意思決定を支援する。それが、私たちＭ＆Ａコンサルタントの使命だと考えています。

M&Aは「お見合い結婚」と同じ

M&Aの成功率と離婚率

近年、M&Aは企業の成長戦略の切り札として注目を集めています。新たな事業領域への進出や、規模の拡大を実現する有力な手段として、多くの経営者がM&Aに期待を寄せているのです。

しかし、ここで冷静に現実を見つめる必要があります。M&Aの実態は、決して楽観できるものではないのです。

実は、M&Aの成功率は、わずか3割にも満たないと言われています。

考えてみれば、これは当然のことかもしれません。

M&Aは、つきつめれば「お見合い結婚」と同じようなものなのです。

M&Aをお見合い結婚に例えるのは、両者が持つ本質的な課題の類似性を表しているためです。

M&Aは、異なる文化や価値観、社風を持つ企業同士が、突然一つになることを試される場だと言えます。

まず、改めてM&Aの成功率の低さに着目しましょう。

世界的に見ても、M&Aの成功率は30%に満たないと言われています。経営コンサルティングファームのマッキンゼーの調査によれば、M&Aを実施した企業の70%以上が、当初の目的を達成できずに終わっています。

この数字は、M&Aの難しさを如実に物語っているといえます。

一方、日本の離婚率も、Ｍ＆Ａの成功率と同じく30％前後で推移しています。お見合い結婚の場合、夫婦の相性を十分に確認できないまま結婚に至るため、結婚後の価値観の相違などから、離婚に至るケースが少なくないのです。

Ｍ＆Ａにおいても、同様の問題が発生します。

Ｍ＆Ａの当事者である企業は、それまで異なる文化や価値観、社風の中で事業を営んできました。

例えば、一方の企業は速度重視の社風で、もう一方の企業は慎重な意思決定を尊ぶ文化を持っているかもしれません。こうした文化的な差異は、ＰＭＩの段階で大きな障壁となります。

同じくコンサルティングファームのボストン・コンサルティングの調査によれば、Ｍ＆Ａが失敗する理由の50％以上が、ＰＭＩの問題に起因しています。

具体的には、両社の文化的な衝突、コミュニケーションの齟齬、主要人材の離脱などが、PMIを困難にする要因として挙げられています。

また、M&Aでは、両社の規模の違いも大きな問題となります。大企業が中小企業を買収する場合、規模の差から、意思決定のスピードや権限の範囲に大きな違いが生じます。

この違いが、PMIの障壁となるケースは多いのです。

こうしたM&Aの実態は、まさにお見合い結婚の課題と重なります。見合いの場である種の表面的な情報だけを頼りに結婚を決め、いざ結婚生活が始まると、価値観の違いや生活習慣の違いから軋轢が生じる。M&Aにおける文化的な衝突や、PMIの難しさは、このお見合い結婚の課題と本質的に同じなのです。

ただし、だからこそ、M&Aには慎重な検討と、専門家の支援が不可欠なのです。

お見合い結婚でも、カウンセラーなどの専門家のアドバイスを受けながら、時間をかけて相手を理解していく努力が求められます。

Ｍ＆Ａにおいても、両社の文化や価値観の違いを丁寧に分析し、統合プロセスを戦略的に設計する必要があります。コンサルタントなどの専門家の知見を借りながら、ＰＭＩの課題に地道に取り組んでいく。その努力が、Ｍ＆Ａの成功確率を高めるカギとなるでしょう。

Ｍ＆Ａは、お見合い結婚と同じく、相手との違いを乗り越える試練の場です。その実態を冷静に認識し、専門家の支援を受けながら、粘り強く取り組んでいく。そこに、Ｍ＆Ａの本質があると言えるでしょう。

M&Aの流れを知る

● M&Aは大まかに8ステップで行われる

ここでは実際に、M&Aの一般的な流れを簡単にご説明します。

M&Aは、企業の成長戦略・生存戦略に有力な選択肢ですが、その実行までにはいくつかのプロセスが待ち受けています。ここでは、一般的なM&Aの流れを、大まかに8つのステップで解説します。

今回は、売り手側の想定としています。

Step1 M&A検討の動機と目的の明確化

M&Aの基本的な8ステップ

Step 1　M&A検討の動機と目的の明確化
Step 2　アドバイザーの選定
Step 3　企業価値の評価と売却条件の設定
Step 4　買い手候補のリストアップと秘密保持契約（NDA）の締結
Step 5　買い手候補へのアプローチと基本合意書（LOI）の締結
Step 6　デューデリジェンス（DD）の対応
Step 7　最終契約の交渉と締結
Step 8　クロージングとPMIの実施

売り手側がM&Aを検討する動機は様々です。事業承継の問題、成長資金の確保、競争力の強化など、自社の課題や目的に応じて、M&Aの可能性を探ります。

まずは、自社の現状と将来像を冷静に分析し、M&Aの目的を明確にすることが重要です。

M&Aによって何を実現したいのか、売却後の自社の役割をどう描くのか。この戦略的な議論が、M&Aプロセスの出発点となります。

Step2　アドバイザーの選定

M&Aは、専門的な知識と経験を必要と

する複雑なプロセスです。

特に、売り手側の企業は、M&Aに不慣れなケースが多いでしょう。そこで重要になるのが、信頼できるM&Aアドバイザーの選定です。

アドバイザーは、M&Aの専門家として、売却プロセス全体をサポートします。自社の業界に精通し、M&Aの経験豊富なアドバイザーを選ぶことが、スムーズなM&Aの実現につながります。

また、Step1の時点でアドバイザーを確保しておく方が、スムーズな目的設定に成功するケースも往々にして存在します。

Step3　企業価値の評価と売却条件の設定

M&Aを実行する上で、自社の企業価値を適切に評価することが不可欠です。企業価値は、M&Aの売却価格の基礎となるからです。

企業価値の評価には、財務的な分析だけでなく、自社の強みや将来性なども考慮する必要があります。M&Aアドバイザーの助言を受けながら、客観的で説得力のある企業価値を算出します。

また、売却条件の設定も重要なポイントです。売却価格だけでなく、従業員の処遇、ブランドの継続使用、経営陣の役割など、様々な条件を検討します。

自社の理念や文化を守りつつ、魅力的な条件を設定することが求められます。

Step4　買い手候補のリストアップと秘密保持契約（NDA）の締結

自社の企業価値と売却条件が固まったら、いよいよ買い手候補の探索が始まります。M&Aアドバイザーが、自社の条件に合う潜在的な買い手をリストアップします。

買い手候補との接触には、慎重な情報管理が不可欠です。

自社のM&A意向が外部に漏れれば、従業員の動揺や、取引先の不安を招く恐れがあります。買い手候補との間で、「秘密保持契約／NDA（※1）」を締結し、情報の厳重な管理を図ります。

（※1）秘密保持契約（NDA）：契約当事者間で共有される秘密情報を保護するために締結される法的拘束力のある契約のこと。

Step5　買い手候補へのアプローチと基本合意書（LOI）の締結

買い手候補のリストアップができたら、M&Aアドバイザーが各社にアプローチします。自社の魅力や、M&Aの意義を丁寧に説明し、買収への関心を引き出します。

興味を示した買い手候補とは、「基本合意書／LOI（※2）」の締結を目指します。LOIは、M&Aの基本的な条件を定めた合意書です。売却価格の範囲、デューデリジェンスの実施、独占交渉権などが記載されます。

Step6　デューデリジェンス（DD）の対応

LOI締結後、買い手候補による自社への「デューデリジェンス／DD（※3）」が実施されます。DDでは、自社の事業内容や財務状況、法務リスクなどが詳細に調査・分析されます。

売り手側は、DDに真摯に対応する必要があります。

求められる情報を速やかに提供し、買い手側の疑問に丁寧に答えていくことが重

（※2）基本合意書（LOL）：契約締結に向けた交渉の過程で、当事者間の基本的な合意内容を文書化したもの。

（※3）デューデリジェンス（DD）：M&Aや投資に際して、対象企業の法律面、財務面、事業面などの詳細な調査・分析を行うプロセスのこと。

要です。DD対応の質は、買い手側の信頼獲得に直結します。

Step7　最終契約の交渉と締結

DDを経て、買い手候補が絞り込まれたら、いよいよ最終契約の交渉が始まります。売却価格や、支払い条件、役員の処遇、従業員の雇用など、LOIで合意した条件を具体化していきます。

交渉では、自社の利益を守りつつ、買い手側の要求にも柔軟に対応することが求められます。Win-Winの関係を築くことが、スムーズなM&Aの実現につながります。

交渉が合意に達すれば、最終的なM&A契約が締結されるのです。

Step8　クロージングとPMIへの協力

M&A契約の締結後、クロージングを迎えます。自社の株式が買い手側に移転し、M&Aが完了します。

しかし、売り手側の役割は、クロージングで終わりではありません。ＰＭＩの段階で、買い手側への協力が求められます。事業統合や、組織・人事の統合などに積極的に関与し、Ｍ＆Ａの目的達成に貢献することが重要です。

以上が、売り手側から見たＭ＆Ａの一般的な流れです。

Ｍ＆Ａは、売り手側にとっても、戦略的な意思決定と、入念な準備が求められるプロセスです。

特に、Ｓｔｅｐ１の目的の明確化、Ｓｔｅｐ３の企業価値評価と売却条件の設定、Ｓｔｅｐ６のデューデリジェンス対応は、Ｍ＆Ａの成否を大きく左右する重要なフェーズと言えます。

そして、Ｍ＆Ａアドバイザーなどの専門家の力を借りながら、丁寧に粘り強くＭ＆Ａのプロセスを進めていくことが重要です。

各ステップで求められる課題に真摯に向き合い、自社の利益を守りつつ、買い手側とのＷｉｎ-Ｗｉｎの関係を築いていく。それが、売り手側企業に求められる姿勢なのです。

●買い手はどういった点を重視しているのか？

Ｍ＆Ａの売り手側にとって、買い手企業の選定は極めて重要な意思決定です。買い手企業の特性や姿勢が、Ｍ＆Ａ後の自社の将来を大きく左右するからです。では、買い手側企業は、どのような点に注目して買収先を選んでいるのでしょうか。

まず、買い手側が重視するのは、買収先企業の事業との「シナジー」です。シナジーとは、両社の事業を組み合わせることで生まれる相乗効果のことを指します。例えば、買い手側の販路と、売り手側の優れた商品・サービスを組み合わせることで、売上の拡大が見込めるケース。あるいは、両社の技術力を融合することで、新商品の開発スピードが加速するケースなどです。

買い手側は、このようなシナジーが期待できる企業を、重点的に買収先として検討します。自社の事業戦略を加速させる「パズルのピース」として、売り手側企業を位置づけているのです。


次に、買い手側が注目するのは、買収先企業の「成長可能性」です。現在の収益力だけでなく、将来の成長余地が大きい企業が、買収先として魅力的に映ります。

市場の拡大が見込める事業領域であること、独自の技術力や競争優位性を持っていること、優秀な人材が揃っていることなどが、成長可能性の判断材料となります。

買い手側は、買収先企業の潜在力を見極め、長期的な投資対効果を見据えて意思決定を行うのです。


また、買い手側は、買収先企業の「企業文化との親和性」も重要視します。

M&Aは、異なる文化を持つ企業同士の融合です。両社の価値観や行動様式が大きく異なれば、ＰＭＩの段階で深刻な摩擦を生むリスクがあります。

買い手側は、自社の企業文化と親和性の高い企業を買収先として選ぶことで、このリスクを最小化しようとします。経営スタイルや意思決定プロセス、従業員の気質など、目に見えない部分での相性も重要な判断材料となるのです。

一方、買収後の統合プロセスを円滑に進められるかどうかも、買い手側の重要な関心事です。買収先企業の経営陣が、ＰＭＩに協力的な姿勢を示しているかどうか。従業員の士気が高く、変化を受け入れる素地があるかどうか。

こうした点も、買い手側が買収先を選ぶ上での判断材料となります。

M&Aを成功に導く買い手企業の特徴

では、Ｍ＆Ａを成功に導いている買い手企業には、どのような特徴があるのでしょうか。

成功事例に共通するのは、買収先企業の自律性を尊重する「君臨すれども統治せず」というスタンスです。

買収先企業の経営陣や従業員に対し、一方的に自社の方針を押し付けるのではなく、現場の裁量を可能な限り尊重する姿勢が重要なのです。

買収先企業には、長年培ってきた独自の強みや文化があります。

それを一度に変えてしまうのではなく、長期的な視点でゆるやかに融合させていく。そうすることで、買収先企業の持つ優れた特性を活かしつつ、シナジーを生み出していくことができるのです。

また、ＰＭＩのプロセスでは、買収先企業との「コミュニケーション」に力を注ぐことも重要な特徴です。

経営方針や統合計画を一方的に通達するのではなく、買収先企業の従業員の声に真摯に耳を傾ける。不安や懸念に丁寧に対応し、統合の意義を根気強く説明する。

こうした姿勢が、買収先企業の協力を引き出し、円滑なＰＭＩにつながるのです。

売り手側企業にとって、買い手企業の選定は、自社の将来を左右する重大な意思決定です。シナジーの可能性、成長可能性、企業文化の親和性などを多角的に評価し、慎重に買い手企業を選ぶ必要があります。

このようにＭ＆Ａを検討する際には、買い手側企業の特性をしっかりと見極めることが重要です。「この企業なら、自社の将来を託せる」と確信できる買い手企業を選ぶこと。それが、Ｍ＆Ａ成功への第一歩となるのです。

そもそもＰＭＩとは？

ここまでにも何度か話題に上げていました、Ｍ＆Ａ後の企業統合、ＰＭＩについても簡単にご説明します。

ＰＭＩとは、Ｍ＆Ａ後の統合プロセスのことを指します。買収先企業を自社の組織に統合し、両社のシナジーを実現するための一連の取り組みが、ＰＭＩなのです。

具体的には、事業の統合、組織・人事の統合、システムの統合など、多岐にわたる課題に取り組むことになります。両社の企業文化を融和させ、一体感のある組織を作り上げていく。それがＰＭＩの本質的な目的だと言えます。

Ｍ＆Ａの本当の価値は、ＰＭＩを通じて初めて実現されます。いくら魅力的な買収先を選んだとしても、ＰＭＩがうまくいかなければ、Ｍ＆Ａの意義は半減してしまうのです。

逆に、ＰＭＩを成功に導くことができれば、Ｍ＆Ａの効果は飛躍的に高まります。両社の強みを活かし合い、新たな価値を創出する。それこそが、Ｍ＆Ａの真の目的なのです。

では、ＰＭＩを成功に導くためには、何が必要なのでしょうか。

それは、ズバリ、「人間力」です。

ＰＭＩの成否は、関わる人々の人間力にかかっていると言っても過言ではありません。

ＰＭＩは、異なる文化や価値観を持つ人々が、一つのチームとなって目標に向かうプロセスです。そこでは、高度なコミュニケーション能力と、強いリーダーシップが不可欠となります。

買収先企業の従業員の不安や抵抗感を和らげ、変化を受け入れてもらうためには、丁寧な説明と共感が必要です。一方的に統合の方針を押し付けるのではなく、従業員の声に真摯に耳を傾ける姿勢が求められるのです。

また、ＰＭＩには、柔軟性と決断力も求められます。

当初の計画通りにいかないこともあるでしょう。そんな時に、状況に応じて方針を柔軟に変更し、迅速に意思決定を下せるかどうか。それが、ＰＭＩの成否を分ける重要なポイントとなります。

こうした人間力は、一朝一夕に身につくものではありません。経験に裏打ちされた知恵と、人間性に基づく共感力が必要とされるのです。

その際にぜひ頼りにして欲しいのが、第三者たる我々です。

二社の文化を尊重しつつ、買い手側との融和を図っていく。その難しいバランスを取るためには、どちらにも寄らず「ＡかＢ」ではない第三の手を提案できるアドバイザーの存在がとても重要になります。

M&A後に陥りがちな罠

●座敷犬化現象

M&Aの実行にはリスクも伴います。特に、M&A後のPMIには、多くの落とし穴が潜んでいます。

ここでは、M&A後に陥りがちな罠について、詳しく解説していきましょう。

まず、よく見られるのがテイクコンサルティング用語の一つ、「座敷犬化現象」とも呼ばれる、売り手の社長の居座りです。

M&Aが完了した後も、売り手側の社長がいつまでも会社に残り続け、実権を握り続けてしまうケースがあるのです。

これは、買い手側にとっては大きな頭痛の種です。せっかくM&Aを実行しても、経営の自由度が制限されてしまうからです。

新しい経営方針を打ち出そうにも、旧経営陣の抵抗にあって、思うように進められない。そんな事態に陥ってしまうのです。

こういった「座敷犬化現象」を防ぐためには、M&A契約の段階で、旧経営陣の処遇を明確に取り決めておくことが重要です。

PMI開始後の一定期間は協力を仰ぐとしても、最終的には経営から退いてもらう。そのスケジュールを、両社で合意しておく必要があります。

定性と定量の統合の難しさ

次に、PMIの難しさを過小評価してしまう罠についても触れておきましょう。

PMIには、大きく分けて、「定性のすり合わせ」と「定量のすり合わせ」の二つの側面があります。定性のすり合わせとは、両社の企業文化や価値観の融和を図ることを指します。一方、定量のすり合わせとは、事業計画や財務数値の整合性を取ることを意味します。

しかし、多くの企業は、定量のすり合わせに注力するあまり、定性のすり合わせを疎かにしがちです。

業績目標の設定や、シナジーの実現に力を入れる一方で、従業員の融和や、組織文化の統合には、十分な注意を払わないのです。

しかし、定性のすり合わせこそが、PMIの成否を左右する重要な要素なのです。両社の従業員が、一体感を持って働けなければ、いくら業績目標を掲げても、達成は覚束ありません。

PMIに取り組む際には、定性と定量、両方のすり合わせに、バランス良く取り組むことが肝要です。数字だけを追い求めるのではなく、人と人とのつながりにも、十分な注意を払う必要があるのです。

「放っておいても自走する」という幻想

最後に、「放っておいても買収先は自走する」という幻想にも、注意が必要です。

Ｍ＆Ａは、あくまでも新たなスタートに過ぎません。

買収先企業を、自社の成長エンジンとして機能させるためには、ＰＭＩを通じた綿密な統合作業が不可欠なのです。

「君臨すれども統治せず」が上手くいく特徴、というお話をしましたが、一方で、買収先企業のオペレーションに介入しないことが、自律性の尊重につながると考えすぎるのも大きな誤解です。むしろ然るべきタイミングで積極的に関与し、両社の強みを融合させていく努力が求められるのです。

「放っておいても大丈夫」という安易な考えは、Ｍ＆Ａの失敗への道を歩むことになりかねません。買収先企業を本当の意味で自社の一部とするためには、ＰＭＩへの積極的な取り組みが欠かせないのです。

M&Aの落とし穴「ロックアップ編」

M&Aを実行する際、買収先企業のキーパーソンを特定し、一定期間の雇用を確保するロックアップ条項を設けることは一般的な手法ですが、この過程で重大な落とし穴に陥るケースがあります。

とあるケースでは、買収側企業が事前の調査で、ある特定の人物を事業の根幹を支えるキーマンだと判断し、高額な報酬を提示してロックアップ契約を結んだにも関わらず、いざ蓋を開けてみると、その人物は事業の真のキーマンではなく、買収後の事業運営は当初の想定から大きく乖離してしまったのです。

結果として、高額な報酬を支払いながらも、期待していた事業シナジーは生まれず、自走できない状態に陥ってしまいました。

こうした事態に直面した買収側企業は、改めて買収先の人材評価の難しさを痛感することになりました。

事業や組織の真の姿は、表面的な情報だけでは判断しきれないことが多く、限られた時間とリソースの中で、買収先企業の人材を的確に見極めることは非常に難しいタスクです。

この落とし穴を回避するためには、M&A実行前の段階から、買収側と売却側の代表者間で綿密なコミュニケーションを重ねることが重要となります。

単なる数字上の交渉だけでなく、事業の将来ビジョンや組織文化、キーパーソンの特定に至るまで、踏み込んだ議論を尽くすことで、人材評価のリスクを最小限に抑えることができるでしょう。

M&Aは「企業間の成長戦略」として捉えられがちですが、その「企業の中身は人材」。つまり人材の見極めにかかっていると言っても過言ではありません。買収側企業は、この点を肝に銘じ、慎重かつ戦略的にM&Aに臨むことが必要となります。

第4章

日本の中小企業の10年後を想って

M&Aと事業承継は今後も増え続ける

激動の時代でM&Aと事業承継の重要性は高まり続ける

日本の中小企業を取り巻く環境は、今、大きな転換点を迎えています。少子高齢化、後継者不足、コロナ禍などの外圧が重なり、事業承継問題は年々深刻さを増しています。この状況下で、M&Aは、中小企業の事業継続と成長を実現する有力な選択肢として、今後ますます重要性を増していくでしょう。

ここでは、M&Aと事業承継の未来予想図を描いていきたいと思います。

まず、少子高齢化の影響について詳しく見ていきましょう。日本の少子高齢化は、世界でも類を見ないスピードで進行しています。総務省の人口推計によれば、２０６５年には、総人口が９０００万人を下回る一方で、65歳以上の高齢者人口は全体の38％を占めるまでに増加すると予測されています。

この人口構造の変化は、中小企業の事業承継問題に大きな影響を与えています。少子化の進行で、経営者の子息が減少し、後継者不足に拍車がかかっているのです。かつては当然のように行われていた親族内承継が、難しくなってきているのが実情です。

加えて、この変化は経営者の高齢化も同時に意味します。

中小企業庁の調査によれば、中小企業の経営者の平均年齢は59・５歳。

実に３分の１以上の経営者が、60歳以上ということです。

事業承継の時期が差し迫っている中小企業が、数多く存在しているのが現状なのです。

この少子高齢化の影響は、今後さらに加速していくでしょう。

団塊の世代が75歳以上となる２０２５年以降は、「２０２５年問題」とも呼ばれ、中小企業の事業承継問題が一気に顕在化すると予想されています。

少子高齢化と並んで、後継者不足も、中小企業の事業承継を困難にしている大きな要因です。上述の通り、少子化の影響で親族内承継が難しくなっているのに加え、優秀な人材の確保も年々難しくなっているのが実情なのです。

中小企業は、大企業と比べて給与水準や福利厚生が劣ることが多く、若手人材にとって、必ずしも魅力的な就職先とは言えません。

特に、地方の中小企業では、人材の都市部流出に悩まされています。事業を引き継ぐ意思と能力を持った人材を見つけ出すことが、非常に難しくなっているのです。

この後継者不足の問題は、今後ますます深刻化していくでしょう。

ある試算では、２０２５年には約１２７万人の中小企業経営者が70歳を超える一方で、約半数の中小企業で後継者が不在という状況が予想されています。

多くの中小企業が、事業承継の断崖絶壁に立たされているのが実情なのです。


さらに、リーマンショックやコロナ禍に代表される外的な影響も、中小企業の事業承継問題を一層困難にしています。

２０２０年から続くコロナ禍は、多くの中小企業の業績に深刻な打撃を与えました。売上の減少や、資金繰りの悪化に苦しむ中小企業が続出したのです。

この業績悪化は、事業承継の障壁をさらに高くしています。

業績が低迷する中、後継者を見つけることはより一層難しくなります。承継を受ける側も、先行きの不透明な事業を引き継ぐことに二の足を踏むからです。

加えて、業績の悪化は、中小企業の企業価値の低下も意味します。事業承継の選択肢の一つであるM&Aにおいても、買い手を見つけることが難しくなるのです。

業績が低迷する中小企業を、引き取ってくれる企業は限られています。

事実、これまでに事業承継のご相談を受けた方のなかで「なぜ売却を検討しているのか」を伺ったところ、「リーマンショックやコロナのような、自分でコントロールできないところで生じる苦労を子どもにさせたくない。子どもには子どもの選ぶ道があるから」といったことを話す方もいました。

このように、リーマンショックやコロナ禍は、事業承継問題に拍車をかける要因の一つとなっています。

そして、このコロナ禍は、単なる一時的なショックではなく、中小企業を取り巻く環境の構造的な変化を示唆しているのです。

まずアフターコロナの世界では、非接触・非対面の経済活動が多くなりました。

デジタル化の波は、あらゆる産業に広がっていくと考えられます。

この変化は、中小企業にとって大きな脅威であると同時に、大きな機会でもあります。デジタル化への対応が遅れれば、競争力を失い、事業の継続が難しくなるでしょう。

一方で、デジタル化を先取りし、新たなビジネスモデルを構築できれば、大きな成長のチャンスが広がります。

事業承継問題も、このデジタル化の波の中で考えていく必要があります。デジタル化に対応できる後継者の育成や、デジタル化を推進できる企業とのM&Aなど、新たな視点での事業承継戦略が求められるのです。

以上見てきたように、少子高齢化、後継者不足、コロナ禍などの構造的な変化が、中小企業の事業承継問題を一層複雑化させています。

この難局を乗り越えるためには、従来の事業承継の枠組みを超えた、新たな発想が必要不可欠です。

その鍵を握るのが、M&Aです。

親族内承継や従業員承継が難しい中、第三者への事業売却は、有力な選択肢の一つとなります。特に、業績が低迷する中小企業にとって、M&Aは事業再生の切り札となるでしょう。

実際、近年、中小企業のM&Aは増加傾向にあります。M&Aを通じて、経営資源を引き継ぎ、事業を継続する。そんな選択肢が、徐々に浸透し始めているのです。ただし、M&Aは万能の解決策ではありません。買い手企業とのシナジーを十分に検討し、PMIを円滑に進めることが重要です。安易なM&Aは、かえって事業価値を毀損しかねないのです。

とはいえM&Aは、もはや特別な選択肢ではありません。少子高齢化、後継者不足、コロナ禍という逆風の中で、中小企業が生き残りをかけて取り組むべき喫緊の課題なのです。

●海外事例から見る、日本のM&Aの変化

ここでは日本の先をゆく海外のM&A事例に見る、今後のM&Aの展望についてもお話いたします。

2000年代前半ごろ、多くの人にとってのM&Aは「敵対的買収」のイメージが強かったかもしれません。例を挙げると、とあるITベンチャーの社長によるニッポン放送の買収騒動など、強引な手法でのM&Aが注目を集めました。

敵対的買収とは、対象企業の経営陣の同意を得ずに行う買収のことを指します。買収者が対象企業の株式を大量に取得し、経営権を奪取するのです。

このような買収は、対象企業の経営陣や従業員の反発を招きやすく、社会的にも批判の的となりました。

しかし、近年のM&Aの主流は、友好的買収へとシフトしています。

対象企業の経営陣と合意の上で行う買収が増えているのです。その結果、M&Aに対する社会的な認識の変化も生じていると感じます。

また、イメージに後押しされてか、国や地方自治体も、中小企業のM&Aを後押しする施策を打ち出しています。事業承継税制の拡充や、M&A補助金の創設など、M&Aのハードルを下げる取り組みが進められているのです。

こういった流れは、今後も続くと予想されます。

中小企業の廃業は、地域経済に大きな打撃を与えます。雇用の喪失や、取引先への影響など、負の連鎖が広がりかねないのです。

中小企業のM&Aを促進することは、地域経済の維持・発展に不可欠な施策と言えるでしょう。

また、今後は、ベンチャー企業のM&Aが増えていくことも予想されます。実際、海外では、起業時から事業売却を目的としたベンチャー企業が増えているのです。ベンチャー企業は、革新的なアイデアや技術を武器に、短期間で急成長を遂げることを目指しています。しかし、その成長を持続させるためには、大規模な資金調達や、販路の拡大が必要不可欠です。

そこで、ベンチャー企業は、自社の強みを活かせる大企業へのM＆Aを目指すようになってきているのです。大企業の資金力や販売網を活用することで、さらなる成長を実現する。そんな戦略が、ベンチャー企業の間で浸透し始めています。

日本でも、このようなベンチャー企業のM＆Aが増えていくことが予想されます。オープンイノベーションの重要性が叫ばれる中、大企業がベンチャー企業のM＆Aに積極的になってきているのです。

ベンチャー企業のM＆Aは、イノベーションの促進や、産業構造の変革にもつながります。新しい技術や事業モデルを取り込むことで、日本経済全体の競争力強化が期待できるのです。

以上のように、M&Aは、その目的や役割を大きく変化させながら、企業の成長戦略の中核を担う存在になってきました。

敵対的買収の時代から、友好的買収の時代へ。

そして、事業承継問題解決の切り札から、イノベーション促進の原動力へ。

M&Aは、時代のニーズに応じて、柔軟に変化し続けているのです。この変化の波を的確に捉え、自社の成長につなげていく。それが、これからのM&Aに求められる視点だと言えるでしょう。

私たちテイクコンサルティングは、M&Aのプロ集団として、この変化の波を先取りし、クライアントの皆様の多様なニーズにお応えしていく所存です。

中小企業の事業承継から、ベンチャー企業の成長戦略まで。オーダーメイドのM&A戦略で、皆様の挑戦を全力で支援します。

M&Aは、もはや一部の企業だけのものではありません。あらゆる企業にとって、成長と変革のための重要なオプションとなっているのです。この認識を持って、M&Aに臨むことが何より大切だと考えています。

企業経営者の皆様、M&Aの可能性に、ぜひ目を向けてみてください。時代の変化を味方につけ、M&Aを自社の成長エンジンとする。その一歩を踏み出すお手伝いを、私たちは全力で行わせていただきます。

新しい時代のM&Aを、共に切り拓いていきましょう。皆様のご相談を、心よりお待ちしています。

日本テレビ放送網によるスタジオジブリ買収から見る日本企業の生存戦略

●日テレに見る、日本企業の未来図

日本のメディア業界の再編の一つ、日本テレビ放送網のスタジオジブリ買収。この大型M&Aには、日テレの明確な戦略的意図が込められていました。

コンテンツ資産の獲得、アニメ事業の強化、グローバル展開の加速……。その狙いを紐解くことで見えてくるのは、変革の時代を勝ち抜くメディア企業の未来像です。

さらに、この提携が示唆するのは、日本の中小企業が生き残りをかけて取り組むべき戦略。自社の強みを再定義し、パートナーとの協働で新たな価値を生み出す。時代の荒波を乗り越えるためのヒントが、ここにあります。

今回、私が関係者からの聞き取りと公になっている情報をもとに、日テレの目指す未来を考察してみたいと思います。

日本テレビのコンテンツ戦略

かつてのテレビ局は、地上波という唯一無二のメディアを舞台に、圧倒的な影響力を誇っていました。しかしインターネットの登場によって、そのパラダイムは大きく変わりました。

そんな時代にあって、日本テレビが進むべき道は明確でした。

「地上波の枠を超えて、コンテンツの力で勝負する」

この一念が、同社の事業領域拡大の原動力になっているのです。

日本テレビは2010年代より、自社の強みである「コンテンツ制作力」を最大限に活用し、テレビに限らないあらゆるメディア、あらゆるデバイスで受け手と向き合うことを重視しています。

つまり、高品質な映像作品を生み出すIPホルダーとしての立ち位置を最大限に活かしながら、テレビの枠を超えた展開を図っていくのです。

この戦略の下、日テレはHuluやDisney+とのコンテンツ提供契約を次々に結び、動画配信事業に本格参入。また自社でもTVerやHuluで配信に特化したオリジナル作品を制作するなど、デジタルシフトを加速させてきました。

地上波の人気コンテンツをデジタルの世界に展開することで、従来のファン層の満足度を高めると同時に、若年層を中心とした新たな視聴者の獲得にもつなげる。

こうした施策は着実に成果を上げつつあります。

更に近年では、コンテンツビジネスの幅をドラマや映画、アニメーションといったフィクションの領域にとどまらず、舞台、ゲーム、キャラクタービジネスなど、エンターテインメント全般に広げる動きを見せています。

このような例が示すのは、魅力的なコンテンツさえあれば、メディアの枠を超えて、ファンの心を揺さぶり、新しいマーケットを創出できるということ。だからこそ日テレは、「面白いコンテンツを作り続ける」という原点を大切にしながら、その可能性をあらゆる分野に求めているのです。

そしてその先にあるのが、コンテンツのグローバル展開です。日本の良質なエンターテインメントを、より多くの人々に届けたい。世界中の人々を笑顔にできる作品を生み出したい。

その思いから日テレは、自社コンテンツの海外販売に力を入れると同時に、国際共同製作にも積極的に乗り出しています。

また、強力なＩＰを持つ企業との資本提携も、その布石となります。

スタジオジブリをはじめ、日本が誇るコンテンツで世界を目指す。配信技術の発達によってボーダレス化が進むコンテンツ市場を、「日本発のエンターテイメント」で席巻する。

かつて日テレは、「日本のテレビ局」でした。

しかし今は、「日本が世界に誇るエンターテインメント企業」へと進化を遂げつつあります。

コンテンツはメディアを選ばない。だからこそ、最高のコンテンツを追求し続ける。

新時代のメディア環境を勝ち抜くために、日本テレビは今、コンテンツの力を信じて、新たな一歩を踏み出そうとしているのです。

●日本テレビのスタジオジブリ買収の狙い

2022年、日本のメディア業界に激震が走りました。民放テレビ局の雄、日本テレビ放送網がスタジオジブリの株式の39・8%を取得し、資本業務提携を結んだのです。

この大型買収には、日テレの明確な戦略的意図が込められていました。

第一の理由は、言うまでもなく、スタジオジブリが持つ強力なコンテンツ資産の獲得です。

「となりのトトロ」「もののけ姫」「千と千尋の神隠し」――スタジオジブリが生み出してきた作品群は、日本のみならず世界中で愛され、高い評価を得ています。まさに国民的アニメーションと言えるでしょう。

これほど強力なIPを自社グループ内に取り込むことができれば、二次利用を含めた様々な展開が可能になります。テレビシリーズや映画の製作、キャラクタービジネス、テーマパークとのタイアップなど、収益機会は無限大。日テレにとって、ジブリ作品は計り知れない価値を持つコンテンツ資産なのです。

第二の理由は、アニメーション事業の強化です。
世界的にアニメ市場が拡大を続ける中、日本のアニメはその中心的な存在として注目を集めています。特にジブリ作品は、老若男女を問わず幅広い層から支持され、海外でも絶大な人気を誇ります。

そのジブリと直接つながりを持つことで、日テレのアニメ事業は大きく前進するはずです。技術やノウハウの共有はもちろん、ジブリ作品を梃子にした新規事業の展開など、シナジー効果は計り知れません。

例えば、ジブリパークのアトラクションとタイアップした体験型コンテンツを制作したり、VR技術を使って作品の世界観を再現したりと、アニメーションの新しい楽しみ方を、日テレの総合力で創出していくことができるでしょう。

そして第三の理由が、コンテンツのグローバル展開の加速です。

NetFlixに代表される動画配信サービスの台頭により、良質なコンテンツへの需要は世界的に高まっています。その中で、日本アニメーションの存在感は日に日に増しています。中でもジブリ作品は、国境を越えて多くの人々を魅了するグローバルコンテンツの最たるものと言えるでしょう。

その『ジブリ』ブランドを手中に収めたことで、日テレは一気に国際市場への展開力を高めることができます。ジブリ作品の世界配信を皮切りに、共同製作や商品展開など、日本のアニメを核としたグローバルビジネスを加速させていくことが期待されます。

加えて重要な点が、スタジオジブリの経営基盤の安定化という点です。

創業者である宮崎駿監督の高齢化が進み、後継者問題が囁かれる中で、スタジオジブリにとって強力なパートナーの存在は不可欠でした。事業承継のリスクを見据え、安定的な資本提携先を求めていたのです。

その受け皿となったのが日テレでした。資金力とメディアパワーを兼ね備えた心強いスポンサーを得ることで、ジブリは腰を据えて作品作りに専念できる体制を整えたのです。

他方、日テレにとっても望むべきパートナーとの巡り合わせだったと言えます。

「ジブリの精神」とも言うべき作品へのこだわりや、チャレンジ精神、そしてエンターテインメントでよりよい社会を作ろうとする理念。

それはテレビマンとして、高品質なコンテンツを追求し続けてきた日テレ社員の思いと、重なる部分もあったはずです。

だからこそ、日テレはジブリの企業文化を何より大切にすると宣言したのです。クリエイティビティーを最大限に尊重し、あくまで作品作りのパートナーとしてサポートしていく。

ジブリが滅びぬために、日本のアニメーション文化の灯を消さぬために。日テレには、そんな決意が込められていたのかもしれません。

「千と千尋の神隠し」で、宮崎駿監督はこう語っています。

「本当の生きる力は、たぶん、自分の信じる道を頑固に進む勇気なんだと思う」

日本を代表する2つの企業が手を携えた今、新しいアニメーションの歴史が始まろうとしています。

日本の中小企業の未来を思って

スタジオジブリの選択は、日本の中小企業が生き残りをかけて取り組むべき戦略を示唆する、象徴的な出来事だったのかもしれません。

デジタル化の波が加速し、業界の垣根を越えた競争が激化する中で、単独の力だけで勝ち残ることは難しくなりつつあります。市場環境の変化を踏まえつつ、自社の強みを再定義し、パートナーとの協働によって新たな価値を生み出していく。そのためには、従来の固定観念にとらわれずに、柔軟に戦略を描き直す勇気と実行力が求められるのです。

とりわけ重要なのは、自社の〝コア・コンピタンス〟を見極めること。技術力、顧客基盤、ブランド、企業文化など、他社には真似できない自分たちならではの価値は何か。そしてその強みを、いかに時代のニーズに合わせて進化させ、ビジネスに活かしていくか。

スタジオジブリのように、世界に誇る品質と創造性を武器に、市場での価値を高めていく。あるいは、特定の分野で圧倒的な専門性を発揮し、ニッチな市場で存在感を示す。規模の大小に関わらず、勝ち残る企業はこうした「オンリーワン」を実践しているはずです。

そしてその先にあるのが、志を同じくする企業との連携です。

同業他社との差別化を図りつつ、「企業の個性」を発揮し合える新たな事業領域を切り拓いていく。Win-Winの関係を築きながら、互いの強みを掛け合わせて、シナジーを生み出す。

日テレとジブリが示したのは、そうした企業同士の化学反応が、新しい価値を生み出すということ。異なる得意分野を持つ者同士だからこそ、単独では成し得ない成果を生み出せるのです。

また、M&Aや資本提携は、事業承継の有力な選択肢にもなります。

これまでに幾度とお話をしてきましたが、日本の中小企業の多くは、後継者不在に悩まされています。創業家の高齢化が進む中で、技術やノウハウを次の世代に引き継ぐことは「緊急ではないが、重要な課題」です。その点、信頼できるパートナーと手を組み、経営基盤を安定化させることは、企業の存続に不可欠な戦略と言えるでしょう。

もちろん、それは単なる「身売り」を意味するものではありません。

大切なのは、パートナーとの間に信頼関係を築き、互いの企業文化を尊重し合いながら、共に成長を目指すこと。

「らしさ」を失わずに、しなやかに変化していく。日テレとジブリの提携は、まさにそのあり方を体現したと言えるのではないでしょうか。

激動の時代を勝ち抜くためには、自分たちの強みを再認識し、志を同じくする者と手を携えていくことが何より重要です。

変化を恐れるのではなく、変化を力に変えていく。そんな企業こそが、これからの時代を生き抜いていけるはずです。

M&Aの思わぬ壁「資金調達編」

M&Aを成功に導くには、買収資金の確保が不可欠ですが、特に未上場の中小企業にとって、この資金調達が思わぬ壁となるケースがあります。

従来、M&Aの資金調達といえば銀行借り入れが主流でしたが、銀行との関係性が十分でない場合や、事業計画の説得力が乏しい場合には、融資を受けることが難しいのが実情です。

こうした状況を打開するには、銀行との粘り強い交渉が欠かせません。

具体的には、自社の事業計画や財務状況を詳細に説明し、M&A後のシナジー効果を定量的に示すことで、銀行の理解を得ることが重要です。加えて、経営者の個人保証や担保の提供など、リスク対策を講じることも求められるでしょう。

一方、近年では、LBO（レバレッジド・バイアウト）と呼ばれる手法も注目を集めています。LBOは、買収先企業の資産や将来キャッシュフローを担保に、高率のレバレッジをかけて資金調達を行う手法です。銀行借り入れに加えて、メザニンファイナンス（銀行融資と株式による資金調達の中間的な手法）などからの出資を組み合わせることで、大規模な資金調達が可能となります。

ただし、LBOは高度な財務戦略が求められるため、専門家のアドバイスを得ることが不可欠です。加えて、事業環境の変化によっては、想定通りのキャッシュフローが生まれず、財務リスクが顕在化する可能性もあるため、慎重な検討が必要でしょう。

このように、M&Aの資金調達には様々な選択肢がありますが、いずれの手法を選ぶにせよ、綿密な事業計画の策定と、専門家の知見の活用が必須となります。

第
5
章

多くの相談者さまの声に応えるQ＆A

Q1 本当に買い手は見つかるでしょうか?

A とても多く寄せられるご質問です。結論から申し上げると、会社の状況によりますが、適切な条件が揃っていれば、買い手を見つけることは十分可能です。ここでは好まれる条件をいくつか挙げます。

好条件の一つとして挙げられるのが、従業員の平均年齢が若いことです。特に製造業など、人材の確保が難しい業種では、若く優秀な従業員が多いことは大きな強みになります。買い手側としても、ベテランの技術やノウハウを引き継げるため、魅力的に映るんです。

次に、会社が黒字であることも重要なポイントです。黒字だということは、事業の安定性と将来性が証明されているわけですから、買い手側も安心して検討できます。赤字企業の場合、買い手側がリスクを負担することになるので、購入に慎重になる傾向がありますね。

また、黒字とも関連しますが、債務超過でないことも大切です。債務超過の会社は、どうしても財務的に不健全とみなされるため、買い手側が購入を躊躇する要因になります。売却を成功させるには、債務超過を可能な限り解消し、財務体質を改善することが重要です。

ただし、条件が整っていても、「なる早の売却」などは必ずしも保証が難しい側面もあります。買い手側の事情や交渉の進捗によって、スケジュールは変動しますから、仲介するコンサルタントとの柔軟な対応が必要ですね。

Q2 実際、いくらぐらいの価格で売れるのでしょうか?

A 売却価格についてですが、これは会社の状況によって大きく異なります。例えば、上場企業であれば、株価と発行済株式数から理論的な価格を算出できますが、未上場企業の場合は形態が異なります。

未上場企業の場合、まず私たちコンサルタントが財務内容を基に価格を算出します。具体的には、決算書を見せていただいて、資産や負債、純資産などを分析します。この算出価格があくまで参考値となり、売り手側と買い手側の希望を加味して、最終的な価格を決定するという流れです。

売り手側の売却価格を上げるためには、会社の純資産に、利益分を上乗せすることも重要です。利益が大きく出ている会社であれば、その利益を売却価格の上乗せとして加算できます。この上乗せ年数は、業界の特性によって異なります。

例えば、流行り廃りの早い業界、若しくは技術革新のスピードが速いハイテク産業などでは、上乗せ年数は短くなる傾向があります。これは、数年後に買収した企業の技術が陳腐化するリスクがあるからです。

一方で、長年にわたって安定的に事業を継続できる業界、例えば製造業や不動産業、建設業などでは、上乗せ年数を長く設定できる可能性があります。

加えて、人材が不足している業界、例えばＩＴ業界などのシステムエンジニアが不足している業界では、人材の価値を加味して売却価格を上げることができるケースもあります。

ただし、あくまで売却価格は、売り手と買い手の交渉によって決まります。売り手はできるだけ高く売りたいと考え、買い手はできるだけ安く買いたいと考えるのが通常ですから、両者の希望をすり合わせていくことが重要です。

Q3 売却後、従業員の雇用はどうなるのでしょうか？

A 従業員の雇用については、多くの売却案件で重要な論点となります。結論から申し上げると、多くの場合、売却側の意向を尊重し、雇用と処遇の維持を条件としてＭ＆Ａを進めることになります。

ほとんどの会社にとって、従業員は最も重要な資産の一つです。特に事業の継続性を重視する買い手の場合、従業員の雇用を維持することは非常に重要な条件となります。

売却側としても、長年支えてくれた従業員を大切にしたいと考えるのが普通ですから、雇用と処遇の維持を強く希望されるケースが多いです。私たちコンサルタントも、こうした売却側の意向を尊重し、買い手側に雇用維持を条件として交渉を進めていきます。

買い手側も、従業員の協力なくして事業を継続することは難しいと理解していますので、多くの場合、雇用維持の条件を受け入れてくれます。

さらに、労働力の確保が難しい業界、例えば製造業や建設業などでは、従業員の雇用維持はM＆Aの大前提になっていると言っても過言ではありません。

買い手側にとって、技術やノウハウを持った従業員を引き継ぐことは、大きなメリットになるからです。

ただし、雇用維持の条件だけでは不安が残りますから、私たちコンサルタントとしては、株式譲渡契約書の中に、雇用と処遇の維持について明記することを推奨しています。法的な拘束力を持たせることで、従業員の雇用をより確実に担保することができます。

Q4 取引先との関係は悪化しませんか?

A 取引先との関係も、多くの売却案件で重要な論点となります。基本的には、売却後も従業員が継続して管理することで、取引先との関係性を維持することが可能なケースが多いです。

事業売却においては、事業の継続性は非常に重要です。売却後も事業が滞りなく継続できるかどうかは、買い手側にとって大きな関心事項です。その意味で、取引先との関係性を維持することは非常に重要なポイントになります。

売却後も、営業担当者や窓口担当者など、取引先との関係を直接管理している従業員が継続して業務を行うことで、取引先との信頼関係を維持することができます。取引先にとっても、いきなり担当者が変わってしまうよりは、従来の担当者が継続する方が安心できるはずです。

ただし、売却後の体制変更などにより、どうしても担当者が変更になる場合もあります。そのような場合は、引継ぎ期間を設けるなど、取引先との関係性を維持するための工夫が必要になります。

具体的には、売却前から取引先に対して、事業売却の意向と今後の方針について丁寧に説明し、理解を得ておくことが重要です。その上で、新旧の担当者が同席して取引先を訪問し、引継ぎを行うなどの対応が考えられます。

また、売却契約の中で、一定期間は従来の取引先との取引を継続する条項を設けるなど、法的な担保を取ることも有効です。

Q5 売却後の社長の立場は？

A 売却後の社長の立場については、ケースバイケースであり、一概には言えません。

多くの場合、売却後は一定期間を設けた上で、社長が経営から退くことになります。事業売却の主な目的の一つが、後継者問題の解決だからです。社長としての役割を買い手側に引き継ぐことで、事業の継続性を担保するわけです。

ただし、売却側・買い手側の意向によっては、一定期間、社長が継続して経営に関与するケースもあります。例えば、一定の引継ぎ期間を設けて、社長がコンサルタントとして経営に関与し続けるようなことが考えられます。

また、社長がキーマンとして、営業面での重要な役割を果たしている場合など、事業の継続性のために社長の関与が不可欠だと買い手側が判断する場合もあります。そのような場合は、売却後も社長が一定の役割を継続することが条件になることもあります。

いずれにしても、売却後の社長の立場については、売却側と買い手側の意向をすり合わせて決定することになります。売却側としては、社長の処遇について明確な意向を持っておくことが重要です。

場合によっては、売却価格と社長の処遇がトレードオフの関係になることもあります。例えば、社長の継続関与を条件とすることで、売却価格が変動するケースなどです。そのような場合は、売却側にとっての優先順位を見極めることが重要になります。

Q6 従業員や取引先に知られずに進められるでしょうか？

A 事業売却プロセスを従業員や取引先に知られずに進めることは、基本的には可能とお伝えしています。ただし、そのためには、売却側と買い手側双方が慎重に情報管理を行うことが不可欠です。

私たちコンサルタントとしては、まず守秘義務契約（NDA）を売却側、買い手側双方と締結します。これにより、法的な枠組みの中で情報管理を行うことができます。

その上で、売却プロセスに関与するメンバーを限定し、情報を厳格に管理します。売却側では、経営層など、必要最小限のメンバーのみが関与するようにし、買い手側でも、案件を担当する責任者とそのチームのみが情報にアクセスできるようにします。

ただし、こうした情報管理を徹底しても、完全に情報漏洩のリスクをゼロにすることは難しいのも事実です。特に売却側の社内からの情報漏洩については、コントロールが難しい面があります。

例えば、社長が従業員や取引先に何気なく売却の話をしてしまったり、机の上に売却関連の資料を残してしまったりすることで、情報が漏れてしまうケースがあります。

また、もし情報が漏洩した場合の対応策についても、事前に売却側と合意しておくことが重要です。情報漏洩によって従業員の離職や取引先の喪失などの悪影響が生じる可能性もありますから、そうしたリスクを最小化するための方策を準備しておく必要があります。

Q7 事業売却を検討し始めたら、まず何から準備すればよいでしょうか?

A 事業売却を検討し始めたら、まず私たちコンサルタントと守秘義務契約を締結の上、簡単な壁打ち、本書で言うところの「テイクタイム」の時間を取ることから始めることをおすすめします。事業売却は、専門的な知識と経験が必要とされる複雑なプロセスですから、できるだけ早い段階からコンサルタントを関与させることが重要です。

コンサルタントとの相談を通じて、まず事業売却の実現可能性を検討することになります。具体的には、貴社の事業内容や財務状況、業界の動向などを分析し、潜在的な買い手がいるかどうかを見極めます。

その上で、買い手候補が見つかった場合に、本格的な売却準備を進めていくことになります。具体的には、財務諸表や事業計画書などの各種資料の準備、デューデリジェンス（買収監査）への対応、従業員への説明など、様々な準備が必要になります。

ただし、この段階で注意しなければならないのは、売却の実現可能性が確認される前に、安易に社内体制を変更したりしないことです。例えば、売却を見越して、経費・固定費削減を目的とした人員削減を行ったりすると、かえって事業の価値を毀損してしまうこともありますし、万が一破談となってしまった場合にも、去った人材などを取り戻すことは難しいからです。

そのため、何から始めればいい？という質問に対しては、まず相談を頂いた上で「いきなり売却に向けて舵取りをすぎないでください」とお伝えをしたいと思います。

Q8 株式が複数の株主に分散している場合はどうなるのでしょうか？

A 株式が複数の株主に分散している場合、事業売却のプロセスはより複雑になります。売却に際しては、すべての株主の同意を得る必要があるからです。

何度かの相続を経ると、いつの間にか株主が複数に分散してしまっているというケースが少なくありません。株主の中には、会社経営に直接関与していない方もいらっしゃいます。

こうした状況では、事業売却に向けて株式を集約することが望ましいのですが、それは簡単ではありません。株主の中には、高値での売却を求める方もいるかもしれませんし、そもそも売却に反対する方もいるかもしれません。

また、株式集約に向けた交渉を性急に進めるのも賢明ではありません。株主間の関係性に亀裂を生じさせたり、情報が漏れて従業員や取引先に動揺を与えたりするリスクがあるからです。

コンサルタントとしては、まずは株主の全体像を把握することから始めます。各株主の立場や意向を丁寧にヒアリングし、売却に向けた障害となりそうな点を洗い出していきます。その上で、まずは売却に前向きな株主を軸に、少しずつ合意形成を図っていくことになります。法的な手続きを適切に踏まえつつ、できる限り多くの株主の賛同を得られるよう、粘り強く交渉を進めていきます。場合によっては、一部の株主については、株式の買取りを提案することも考えられますが、その場合は、買取価格の設定など、慎重な検討が必要になります。

いずれにしても、株式が分散している場合の事業売却は、一朝一夕には進みません。株主間の利害調整に時間を要することは覚悟しておく必要があります。

Q9 事業承継に強い専門家の選び方は？

A 事業承継に強い専門家、つまりコンサルタントを選ぶ際には、まず、そのコンサルタント個人の実績と経験を確認することが重要です。結局のところ、会社の規模や知名度よりも、担当者個人の実力と実績に依存する側面が大きいからです。

事業承継の分野では、案件ごとに求められる知見やスキルが大きく異なります。例えば、株式の集約や評価、税務対策、後継者育成など、様々な専門性が求められます。

したがって、コンサルタント選びに際しては、自社の課題に即した専門性を持つ人物を探すことが重要になります。単に「事業承継の経験が豊富」というだけでは不十分なのです。

具体的には、コンサルタント候補に対して、これまでの経験や実績を詳しく聞くことからスタートすると良いでしょう。どのような業種・規模の企業の事業承継に携わってきたのか、どのような課題をどのように解決してきたのかを、具体的に確認していきます。

また、コンサルタントの考え方や姿勢も重要なポイントです。事業承継は、オーナー家族の想いや会社の文化など、定量化が難しい要素も多く関わってきます。それらを適切に汲み取り、最善の解決策を提案できるコンサルタントを選びたいものです。

さらに、コンサルタントの所属する組織についても考慮が必要です。事業承継の局面では、様々な専門家との連携が欠かせません。多様な分野の専門家を擁し、ワンストップでサービスを提供できる組織は心強い存在と言えるでしょう。

ちなみに、大手の金融機関や会計事務所が事業承継支援に乗り出すケースが増えていますが、必ずしもそれらが最適とは限りません。むしろ、独立系のブティック型の方が、案件に合わせて柔軟かつ機動的な対応ができる場合も多いことをご理解いただければ幸いです。

Q10 債務超過の会社でも売却は可能ですか？

A 債務超過に陥っている会社の売却は容易ではありませんが、不可能ではありません。債務超過の状態でも、事業自体に価値があれば、売却の可能性は十分にあります。

債務超過の会社を売却する場合、よく用いられるのが「事業再生型M&A」と呼ばれる手法です。これは、債務超過に陥った会社を、M&Aを通じて再生させる取り組みのことを指します。

具体的には、まず債権者（主に金融機関）に債務の放棄や株式化などを要請し、債務超過の解消を図ります。債権者にとっても、会社が倒産するよりは債務を一部放棄した上で再建する方が、回収額を最大化できる可能性があるからです。

こうして債務超過が解消された後、事業の売却を進めていくことになります。買い手側は、債務リスクが軽減された状態で事業を取得できるため、より前向きに検討できるようになります。

ただし、債務超過の会社の売却には、通常のM&Aよりも時間と労力がかかります。債権者との交渉は簡単ではありませんし、買い手探しにも困難が伴うことが予想されます。

また、売却価格についても、通常のM&Aよりも低くなる可能性があります。債務超過の解消に伴う債権放棄などを考慮すると、株主価値はゼロかマイナスと評価されることが多いからです。

とはいえ、売却側にとっては、債務超過の解消自体が大きなメリットになります。仮に会社が倒産すれば、経営者の個人保証債務の履行を迫られるリスクがあります。事業再生型M&Aによって債務超過を解消できれば、そうしたリスクから解放されることになります。

加えて、事業を存続させることで、従業員の雇用や取引先との関係を維持することもできます。会社の清算を回避できるだけでも、大きな意味があると言えるでしょう。

私たちコンサルタントとしては、債務超過の会社の売却にも真摯に取り組んでいます。債権者との交渉、適切な買い手探し、リスクを見据えた条件交渉など、様々な局面で専門的な支援を提供させていただきます。

債務超過だからといって、安易に会社を諦める必要はありません。事業再生の可能性を模索し、粘り強く道を探っていくことが重要だと考えています。

こんなはずじゃなかったPMI「人材流出編」

M&Aを成功に導くためには、買収後の統合プロセス（PMI）が極めて重要ですが、その過程で最も深刻な問題の一つが、優秀な人材の流出です。

せっかく買収した企業の価値の源泉である人材が、次々と会社を去ってしまっては、M&Aの本来の目的を達成することはできません。

例えば、ある企業が、業界で注目を集めるベンチャー企業を買収し、事業拡大を図ろうとしましたが、PMIの段階で思わぬ壁に直面しました。買収先企業の従業員たちは、自社の企業文化や働き方に強い誇りを持っており、大企業の傘下に入ることに強い抵抗感を抱いていたのです。結果として、中核人材の多くが会社を去ることを選択し、事業の継続すら危ぶまれる事態に陥ってしまいました。

こうした人材流出のリスクは、特に企業文化の違いが大きい場合に顕在化しやすく、急激な変化を強いれば、反発を招くだけでなく、モチベーションの低下や士気の低下を引き起こしかねません。

では、こうした人材流出のリスクにどう対処すればよいのでしょうか。

なにより、買収前の段階で、買収先企業の企業文化や人材の特性を十分に理解すること、従業員との丁寧なコミュニケーションを心がけることが重要です。新しい経営方針を一方的に押し付けるのではなく、従業員の声に耳を傾け、不安や懸念を汲み取る姿勢が求められます。加えて、買収先企業の企業文化を尊重しつつ、徐々に統合を進めていくこと。

また、優秀な人材の流出を防ぐには、適切なインセンティブの設計も欠かせません。報酬体系の見直しや、キャリアパスの提示など、従業員のモチベーションを維持・向上させる施策を講じる必要があるでしょう。

第

6

章

共にＭ＆Ａを成功に導いてきた方々の声

竹内工業株式会社

取締役　竹内　要様

平成8年に竹内工業株式会社を創業し、鋼構造物工事業、建築工事業、とび・土工工事事業を主軸に事業を展開する。

2023年2月のヒラガホールディングス株式会社によるM&Aを機に、レーザー加工機や3次元レーザー加工機の切断技術を導入し、加工の幅を広げている。

『鉄を通じて明日の未来を支える』という経営理念のもと、最先端の設備と技術を活用し、福井をはじめ、日本、世界を豊かにしていくことを目標に掲げている。

● なぜ、まだまだ働ける段階でM&Aを検討したのでしょうか？

そうですね、M&Aを検討したのは、いくつか理由がありました。

まず、北陸銀行さんからM&Aの話を聞いていたのがきっかけだったんです。自分の事業を誰かに引き継ぐという選択肢があるんだなって、そのときは軽く考えていました。

一方で、事業を続けていく中で、工場の借金の存在は常にありました。事業への情熱は変わらずあるんですが、この借金問題はいつかは向き合わないといけないなと感じていました。


そんな中、コロナショックが起きたんです。

これが決定的でしたね。取引先との想定していた取引がことごとくキャンセルになって、売り上げが大幅に下がりました。事業の続け方を見つめ直さざるを得ない状態となりました。

そこで、北陸銀行さんに相談したんです。そしたら、自分の事業の強みや将来性を評価してくれて、M＆Aのパートナー探しを手伝ってくれることになったんです。まだまだ現役で働けるつもりでしたが、事業の先行きを考えると、M＆Aは良い選択肢だと思ったんですよね。何より、従業員の雇用を守りたかったですから。

M＆Aを決心し、申し込んだ際の印象はどうでしたか？

最初は北陸銀行のM＆A担当の方とコンサルタントの方にほぼ丸ごとお願いしていた感じでした。自分でできることは限られていたので、お任せするしかないなって。

実は申し込みしてから2年間、なかなか適切な買い手が見つからなかったんです。ただ意外とその期間は長く感じなかった。むしろ、この2年間が自社の企業価値を見つめ直す良い機会になったと思っています。

Ｍ＆Ａの申し込みを一つの指標として使って、自社の評価や価値を客観的に見ることができたんです。強みや弱み、業界内でのポジショニングなどが明確になって、事業の方向性を考え直すきっかけにもなりました。

振り返ってみると、Ｍ＆Ａの申し込みをしたことで、自社の価値を再発見できた気がします。買い手が見つかるまでの2年間は、事業をブラッシュアップする期間だったのかもしれません。

M&Aを決断するにあたって、ご不安だったことなどは、どういったものがありますか？

事業売却を検討する中で、いくつか不安や懸念があったのは事実ですね。

まず、買い手側の経営者がどんな人物なのか分からないことが大きな不安要素でした。自分の事業を引き継ぐ相手なので、経営者としての資質や人柄は重要だと思うんです。

それに加えて、自分が大切にしてきた信念や理念を理解してもらえるかどうかも心配でした。事業を売却するといっても、自分の想いまで売るわけじゃないので。買い手側にもビジョンや理念があるのか、それが自分や自社の考えと合うのかどうかは気になるポイントでした。


あとは、事業の継続性という面でも、自社に対して投資をしてもらえるのかどうかは気がかりでした。事業を発展させていくためには、新しいオーナーの理解と支援が欠かせません。

特に従業員のことは最優先で考えていました。彼らの雇用が守られるのか、働き方はどう変わるのか、将来のキャリアパスはどうなるのか。できる限り従業員に不利益がないようにしたいと思っていましたね。

こういった不安や懸念を一つ一つ解消していくのがM&Aの難しいところです。

ヒラガホールディングスさんを譲渡先に選んだ理由や判断基準はなんでしょうか？

ヒラガホールディングスさんを譲渡先に選んだ理由は、いくつかあります。

まず、自社とヒラガホールディングスの規模感の違いが大きかった。ヒラガさんは自社よりもずっと大きな企業で、土台となる安心感がありました。50年以上の歴史があって、財務内容も安定しているのは魅力的でした。

それに、自分自身の経営リテラシーの不足を補ってもらえるのではないかと思ったんです。正直、経営者としての自分の力量が完璧だとは思っていなくて、もっと学ばないといけないなと。ヒラガさんみたいな安定した企業から経営の指導を受けられるのは、自分にとって大きなメリットだと感じました。

また、時代も量を作る時代から質を高める時代へ移り変わっています。ただ仕事をこなすだけじゃなくて、質の高い仕事をするためには経営の質も上げていかないと。その点でも、ヒラガさんに教えを乞うことができるのは魅力的でした。

あとは、平賀さんの経営者の人柄にも惹かれましたね。誠実で信頼できる方だと感じました。自分の事業を託すには、経営者の人間性も重要だと思うんです。

総合的に判断して、ヒラガホールディングスさんなら自社の発展を任せられると確信しました。規模の大きさ、財務の安定性、経営者の資質、経営指導の期待。どれも譲渡先として理想的だったんです。

事業売却後、取締役として再ジョインするにあたっての葛藤などはありましたか？

正直言って今でもあります。

トップとして経営判断ができなくなったことへの歯痒さは、なかなか拭えません。

例えば、社長だった時は、赤字になったとしても、それが社員教育のための投資だと判断することがあったんです。でも、今はそういった決断ができない。

「損をして得を取れ」という決断も、自分の裁量ではできなくなりました。

過去には、そういった経営判断を取引先から評価されていたこともあったんです。だから、自分の影響力が失われることで、取引先が離れてしまうんじゃないかという不安もありました。

でも、これは事業売却を選んだ以上、避けられない葛藤なんだと思います。自社を譲った以上、経営判断の主導権は譲渡先にあるのは当然のことですからね。

とはいえ、取締役として事業に関わる以上、自分の意見を言う機会は確保されています。代表の平賀さんとも信頼関係があるので、事業の方向性については話し合いながら決めていけると思っています。取締役としてできることは全力でやる。そのスタンスでこれからも臨んでいきたいですね。

M&Aに際して、工夫・苦労した点、逆にメリットなどはどういった点でしょうか？

まず、基本的には売り手側の立場なので、買い手の意向に沿う形を選んでいます。買い手側の方針に合わせるのは、時には難しいこともありましたが、譲渡先との関係を築くためには必要なことだと思います。

特に、似て非なる業種同士のM＆Aの場合、どこかで考え方の違いが出てくるのは避けられません。そういう時は、丁寧な対話を心がけました。時には一歩引いて、歩み寄ることも大切だと感じましたね。お互いの立場を理解し合うことが、スムーズなM＆Aには欠かせないと思います。

一方で、規模感の違う会社とのM＆Aでは、求められる水準の高さに苦労することもありました。自社のこれまでの体制や資源では、どうしてもできないことが出てきてしまう。そこは率直に伝えて、理解を求めるしかないですね。

でも、M&Aによるメリットも大きかったです。

特に、自分自身の重責が軽くなったことは非常に助かりました。経営者としてのプレッシャーから解放されて、事業に集中できるようになりましたから。

M&Aに際して、既存のメンバーへのケアや準備はどういったことをした?

M&Aに際して、既存のメンバーへのケアや準備には苦心しました。何よりも、現場のメンバーとのコミュニケーションを大切にしました。

メンバーの不安や心配事に耳を傾けて、一人一人の気持ちを汲み取ることを心がけたんです。M&Aという大きな変化の中で、メンバーが安心して仕事に取り組めるようにサポートすることが、自分の役目だと思っていました。

ただ、自分の影響力が強い会社だったので、逆にそれがメンバーの気持ち的な部分での移行を妨げてしまう可能性もあったんです。だから、時には意図的に嫌われ役を演じることもありました。新しい会社に前向きに移れるように、自分がメンバーとの間に一定の距離を置くことも必要だったと思います。

結果的には、メンバーの間に新しい会社の風土やシステムに期待する雰囲気が生まれてきました。自分が少し引いたことで、メンバーが自発的に新しい環境に適応しようとする動きが出てきました。

対象読者となる、事業売却や継承を検討する方々へ、アドバイスするとした場合、どういったことがありますか？

私の経験をもとに、いくつかポイントをお話ししたいと思います。

まず、M&Aを安易に申し込む前に、自社の状況をしっかり把握することが大切です。銀行だけでなく、信頼できるコンサルタントなどに事前に相談するのもいいアイデアだと思います。

第三者の視点から自社の強みや弱みを分析してもらうことで、M&Aの是非がより明確になるはずです。

次に、買われる立場だからといって、相手側の調査を怠ってはいけません。譲渡先の企業文化や経営方針、財務状況などは、できる範囲でしっかりチェックすべきです。M&Aは双方向のプロセスですから、売り手側にも一定の責任があると思うんです。もちろん、問題にならない程度にですけどね。

そして何より大切なのは、銀行やM&Aコンサルの言葉だけを鵜呑みにせず、自分自身でしっかり考えて行動することです。

最終的な意思決定は経営者である自分が下さなければなりません。アドバイスは参考にしつつ、自社の将来像を自分の頭で描くことが重要ですね。

M&A・PMIに際して、松丸のご印象はどうでしたか？

実は松丸さんとのお付き合いは、M&A・PMIの時だけでなく、それ以前からあったんです。

M&Aの壁打ちの段階で、松丸さんから様々な情報提供や提案があったのは心強かったです。同世代だけでなく、若いメンバーのことまで考えてくれる姿勢には、松丸さんの広い視野と深い洞察力を感じていました。

特に印象的なのは、松丸さんの顧客やその関係者に対する誠実な態度です。ビジネスパーソンとして、相手に真摯に向き合うことの大切さを体現されているのだと思います。

そして、「ダメなこと」にはダメだと言い、その理由をちゃんと説明してくれる。

これは本当に大事なポイントですよね。問題点を明確にし、建設的なフィードバックを与えてくれる存在は、経営者にとって貴重な財産だと思います。

正直なことを言うと、「M＆A前に松丸氏と知り合えていれば…」と思うこともあります。笑

株式会社ヒラガ

代表取締役　平賀正幸様

1968年に岩手県花巻市四日町で創業。新日鐵の鉄骨加工に始まり、事業規模の拡大により建築金物の事業も手掛けるようになる。2021年にはホールディングス化を行い、M&A戦略での業容拡大を本格化させている。楽天球場のファールポールをはじめ、各地域のランドマーク的建築や駅前開発など、様々なプロジェクトに携わる。多様かつ高度な加工技術を有し、『三次元で街をクリエートする』を合言葉に活動している。

ヒラガホールディングスのM&Aの戦略としてはどういったものがありますか？

私たちがM&Aで重視にしているのは、やはりマーケットを拡大し、ヒラガホールディングスとのシナジーを最大化することです。単に企業を買収するだけではなく、お互いの強みをうまく活かし合い、新しい価値を生み出すことが重要だと考えています。

常に「1+1=2」ではなく、「2×2=4」になるような掛け算を意識しているんです。つまり、単純に足し算するのではなく、互いの強みを掛け合わせることで、より大きな相乗効果を生み出すことを目指しているわけです。

それから、私たちが長年培ってきた技術やノウハウを、M&Aを通じて全国に広めていきたいという思いもあります。地方の優秀な企業と提携することで、私たちの技術を活用していただき、地域経済の活性化にも貢献できればと考えています。

M&Aに際して、どこを重視していましたか?

デューデリジェンスです。M&Aにおいてとても難しく、最も重要なプロセスだと考えています。

特に注力したのは、決算書に載っていない情報を見つけ出すこと。簿外の財産や負債などが隠れていないか、徹底的に調査する必要があります。買収後に問題が発覚しては、取り返しがつきませんからね。

また、法令遵守の状況も重要なポイントです。コンプライアンス違反などのリスクがある企業は、たとえ表面上は魅力的に見えても、長期的な視点では避けるべきだと思います。

平賀さまご自身初めてのM&Aにおいて竹内工業を選んだ理由とは何でしょうか？

以前から東北地方でのお仕事をいただいていたんですが、建築業というのは景気に大きく左右される業界ですから、リスク分散のためにも、もっと広くマーケットを持つ必要があると感じていました。

そこで、M&Aを検討し始めたわけですが、いくつもの企業を調査・検討を重ねる中で、竹内工業さんに注目したんです。

まず、立地条件が非常に優れていました。名古屋、大阪までも、おおよそ2時間ほどで行ける絶好のロケーション。これは物流の面でも、人材の確保の面でも、大きなアドバンテージになると考えました。

さらに、竹内工業さんは、長年にわたって地域に根ざした事業を展開し、確かな技術力と信頼を築いてこられた会社です。私たちの企業文化とも合致する部分が多く、一緒に成長できる良きパートナーになれると確信したんです。

その他、竹内工業のどういった点に魅力を感じましたか？

竹内工業さんの魅力は、何といっても社長をはじめとする若く力強いメンバーの存在ですね。年齢層が若いということは、会社の将来性や成長力を感じさせてくれます。

また、従業員数が10人程度の規模感ながらも、営業、経理、設計、加工といった各部門がしっかりと組織化されていたことも、大きな決め手になりました。多くの中小企業は社長一人に依存しているケースが少なくありませんが、竹内工業さんは組織体制がしっかりと整っていたんです。

●M&A後のPMIにおいて、苦労した点、工夫した点は何でしょうか？

初めてのM&AとPMIでしたので、最初は悩みも多かったですね。目指すべきゴールは明確だったのですが、そこへメンバー全員で到達するためのアプローチには試行錯誤が必要でした。

「人を変えようとせず、価値観を共有する」ことで、双方の価値観の共有にとても丁寧に取り組みました。これはお互いにとって大きな学びの機会になったと思います。また、PMIで特に意識したのは、「敗者を作らない仕組みづくり」と「業務の見える化（数値化）」です。

「やりました！」と言われてもその成果が数値化されないと実際の進捗がわからない。20％やったのか、80％なのか。その成果を数値化・定量化することから始めたんです。それまでの竹内工業は、各人の感覚に頼る部分が大きかったのですが、データに基づいて議論できる土壌を作ることで、より客観的な判断ができるようになるとともに自分自身の考え方を伝えることもスムーズに出来ました。

買収後も残る買収先の社長との関係性構築で工夫している点は？

買収後も残られる経営者の方との関係構築は、非常に重要なポイントですね。何よりも、売却側の社長も元は経営者であったことを、しっかりと理解することが大切だと考えています。特に双方が自分自身の経験や感情に任せた対話をするのではなく、お互いの核となる信念や、同じ会社としての目的意識を共有した上での対話を心がけています。単に意見を押し付け合うのではなく、建設的な議論を重ねることで、より強固な信頼関係を築くことができると信じているんです。

とはいえ、ぶつかり合わないと見えてこない本音もあるのも事実です。時には激しい議論になることもありますが、そこで得られる気づきや学びは、かけがえのないものだと思っています。

大切なのは、お互いの立場を尊重し、建設的な対話を続けていくこと。そうすることで、二人三脚で会社を成長させていくことができると確信しています。買収先の社長との関係は、一朝一夕で築けるものではありません。日々のコミュニケーションを大切にしながら、ともに汗を流し、同じ目標に向かって歩んでいく。そうした積み重ねが、強い絆につながっていくのだと思います。

初めて買収先のメンバーと顔を合わせた際のご印象は？

初めて買収先のメンバーと顔を合わせた時は、ぶっちゃけ緊張しました（笑）。でも、オーナーとしての責任を感じつつ、彼らの不安を払拭し、明るい未来を示してあげることを意識しました。

もちろん、ただ「やれ！」と言うだけでは、誰もついてきてくれません。「このオーナーについて行けば、こんな素晴らしい未来が待っているんだ」というビジョンを、しっかりと示してあげることが大切なんです。そして、小さな成功体験を一つ一つ積み重ねていくことで、信頼関係を築いていくことを心がけました。

同時に言葉だけではなく、具体的な数字を見せることも重要だと思っています。例えば、損益計算書などを用いて、「おかげさまでこれだけ改善していて、このまま行けばこうなるよ」という未来を、分かりやすく伝えるようにしました。

つまるところ、「仕事の見える化（数値化）」「意思決定の基準となる材料はすべて数値化する」ということに尽きるのかもしれません。透明性を持って、メンバーとコミュニケーションを取ることが、信頼関係の基盤になると考えています。

次の一手や戦略はどういったことをお考えでしょうか？

私たちの強みは、設計から加工、施工まで、一貫して対応できることです。この強みを活かしつつ、今後は各部門をさらに強化していきたいと考えています。例えば、建築事業であれば、一級建築士事務所や設計会社をM&Aすることで上流から案件を獲得する環境を整えることで、サプライチェーンを一層強固なものにしていきたいですね。上流から下流までを自社で掌握することで、質の高いサービスを提供し続けられると信じています。

また、現在の日本は、首都圏への一極集中が進んでいます。私たちは、地方の活性化にも貢献していきたいと考えています。M&Aを通じて、地方の優れた企業と手を組み、その力を全国、そして将来的には世界に発信していく。そんな未来を見据えています。

そのためにも、社内の人材育成に力を注ぐとともに、志を同じくする企業とのアライアンスを積極的に進めていきます。

M&A・PMIの段階において、第三者となるテイクコンサルティングの松丸がいるメリットとは何でしょうか？

正直に申し上げると、M&Aに乗り出した当初は、私自身まだまだ未熟な部分があって、買収先の代表とぶつかってしまうことも多々ありました。そんな時、松丸さんが間に入って、AかBか、0か100かではない解決策に導いてくださったことが、何度もありました。

M&Aは知識だけあっても上手くいくものではありません。プロのサポートがあることで、大きな安心感と安定性が生まれると感じました。特に中小企業の場合、大手のようにリソースが豊富ではありませんから、頼れる存在がいるのは本当にありがたいことだと思います。

また、大手M&A仲介会社の場合、売り手側の利益を丸ごと持っていってしまうような手数料体系も珍しくありません。その点、テイクコンサルティングさんの料金体系は、多くの中小企業の規模に合ったものだと感じています。無理のない範囲で、質の高いサービスを提供していただけるのは、中小企業にとって大きなメリットだと思いますね。

何より、経営者の思いを真に理解してくれるのは、やはり経営者なのではないでしょうか。松丸さんは起業とM＆Aの両方の経験をお持ちですから、私たちの立場に立って、的確なアドバイスをしてくださいます。そういった意味でも、松丸さんにお願いできたのは理想的だったと感じています。

最後に、事業売却を考えている方へアドバイスをお願いします

事業売却を検討されている経営者の方に、ぜひお伝えしたいのは、「もう少し早めに検討・相談して！」ということですね（笑）。できれば債務超過の状態になる前

に。そしてそこから優秀な人材が流出し始めてしまうと、買収は難しくなってしまうんです。

もちろん売却の決断は簡単ではありませんが、手遅れになる前に選択肢の一つとして検討していただきたいと思います。まずは、M&Aの土俵に立っていただくことが大切だと考えています。


早い段階でご相談いただければ、「一緒に未来を描いていこう」という意思統一がしやすくなります。買収後の展望を共有し、両社の強みを活かした成長戦略を練ることができるんです。

実際、私一人の力では限界があります。買収先の企業様と力を合わせ、シナジーを生み出すことが何より重要だと実感しています。お互いの強みを掛け合わせることで、単独では成し得なかった価値を創造できるはずです。

そしてもう一つ、大切なポイントがあります。それは、「この人と組んだら面白そうだな、ワクワクするな」と感じられる相手を選ぶことです。

そういう人物や組織の周りには、必ず優秀な人材が集まってきます。志を同じくする仲間が増えることで、シナジーは何倍にも膨らんでいくんです。

事業売却は、経営者にとって人生の大きな岐路になります。だからこそ、未来に希望が持てる相手を見極めることが重要だと思うのです。

株式会社ひかりホールディングス

代表取締役社長　倉地 猛様

2004年に株式会社ひかり工芸の代表取締役に就任し、2015年には純粋持株会社である株式会社ひかりホールディングスの初代代表に就任。

ひかりホールディングスグループでは、タイル石材加工、電気通信工事、コンサルティングなど、多岐にわたる事業を展開する。

グループ企業の拡大と事業の多角化に尽力し、2006年の株式会社ノベルストーンジャパン買収を皮切りに、事業領域の拡大を推進。2018年、東京証券取引所TOKYO PRO MARKETへ上場を果たす。

ひかりホールディングスさまの紹介とM&A戦略についてお聞かせください

ひかりホールディングスは現在、タイル加工、タイル施工、輸入、電気通信工事業、土木工事業、大規模改修工事、外壁リニューアルなど、幅広い工事業務を手がける7つの子会社を擁しています。私たちの目標は、工事に特化した最強の中小企業集団を創り上げることです。

弊社のM&A戦略の原点は、タイルの加工工場からスタートし、タイル加工の受注を囲い込みしようとタイル商社、建材輸入業を買収しました。

そこから着実にM&Aを重ね、売上規模を1億円から現在の50億円まで拡大してきました。M&Aを成功に導くためには、まず自社の強みと弱みを冷静に分析し、どのような企業とシナジーが生まれるかを見極めることが重要だと考えています。

また、対象企業の企業文化や価値観を尊重しながら、Ｗｉｎ‐Ｗｉｎの関係を構築していくことも欠かせません。

また、ＰＭＩにおいては、子会社の自主性を尊重しつつ、グループ全体の方向性を共有し、各社の強みを活かせる体制作りに注力しています。

Ｍ＆Ａを始めた当初に経験した苦労、壁などはどんなものがありましたか？

Ｍ＆Ａを始めた当初は、いくつかの苦労や壁がありました。初めてのＭ＆Ａでは、タイル商社を買収したのですが、買収先から訴えられてしまい、失敗に終わってしまったんです。

その会社は、税理士と二人三脚で選んだ会社だったのですが、個人的には買収先をある程度手綱を握れると思っていました。しかし、実際にはまったくコントロールできなかったのです。

当時、私はまだ30代半ばで、M&Aの経験も浅かった。この失敗で、買収先の企業文化や経営者の考え方をしっかりと理解することの重要性を身をもって学ぶことになりました。

ただ、結果的にその失敗が、次のM&AやPMIに活かす良いきっかけとなったと思っています。

M&Aにおいて、買収先を選ぶ基準としてどういったものがありますか?

M&Aにおける買収先の選定基準は、時代とともに変化してきました。当初は、自社とのシナジーを産む会社を選んでいました。例えば、商圏が異なる会社など、互いの強みを活かせる企業を探していましたね。

しかし、現在は少し基準が変わってきています。

変わらずあるのは、優れた技術を有している会社。独自の技術力を持ち、競合他社に真似されにくい強みを持つ企業は、長期的に成長が見込めると考えています。

また、買収から7〜8年でペイできるような会社を慎重に選ぶようになりました。M&Aは投資の一種ですから、適切なリターンが見込める案件に絞って取り組むことが重要だと考えています。


そして、もう一つ重要な基準が、「組織として成立している会社であること」です。経理部門や営業部門などがしっかりと機能している企業を選ぶようにしています。中小企業では、スーパースターであるオーナーの能力で回っているようなところがありますが、そのような企業は属人化が強く、その人が抜けてしまったあとが危険です。買収後のシナジー実現も難しくなります。

ケースバイケースですが、前任の経営者をロックアップで残していたとしても、売却によって資金が手に入ると、どうしてもモチベーションが下がり、パフォーマンスが低下してしまうことも多いのです。

このように、M&Aにおける買収先の選定は、自社とのシナジー、技術力、投資回収の見通し、組織の成熟度など、多角的な視点で検討することが重要だと考えています。また、経営者の属人性やモチベーションにも留意が必要ですね。これらの基準を踏まえて、慎重に取捨選択していくことが、M&Aの成功につながるのだと思います。

●ひかりホールディングスでは、買収した企業のキーマンを、その後も残し続けることで成長を続けていますが、その意図とはどういったものでしょうか？

私たちが買収先企業のキーマンを残し続ける最大の理由は、「最強の中小企業集団を作りたい」という私の強い意思によるものです。

私が目指しているのは、「アメリカ合衆国」のようなグループ体なんです。アメリカ合衆国は、地球上で最強のグループ体だと思っています。それぞれの州が突出した能力を持ちながら、中央政府が目指す共通の目標に向かって動き続ける存在ですよね。

ひかりホールディングスでも、そのような組織を作りたいと考えています。

買収先企業のキーマンは、各社の文化や強みを熟知したプロフェッショナルです。彼らを残し、自律性を持たせることで、各社の独自性を維持しながら、グループ全体の成長を加速させることができると考えています。

一方で、グループ全体の目標や方向性を共有し、シナジーを生み出していくことも重要です。そのために、定期的なコミュニケーションを通じて理念を浸透させ、一体感を醸成しています。

キーマンを残すことのメリットは、彼らのノウハウや人脈を活かせることに加え、買収先企業の従業員の安心感にもつながります。買収後も、自分たちを理解してくれる上司が残ってくれるという安心感は、従業員のモチベーション維持に大きく寄与すると考えています。

私たちの戦略は、個々の企業の自律性を尊重しながら、グループ全体で共通の目標に向かって邁進していくことです。それぞれの企業が持つ強みを活かしながら、シナジーを生み出し、成長を加速させる。そのためには、買収先企業のキーマンの存在が欠かせません。彼らとの信頼関係を築き、ともに成長していくことが、「最強の中小企業集団」の実現に向けた鍵になると考えています。

M&A後のPMIについて、どういった工夫をされていますか?

ＰＭＩについては、まずは何より「会社によりけり」だと考えています。それぞれの企業には、固有の文化や歴史、強みがありますから、一律の方法では上手くいきません。

当初、アメリカ合衆国のような企業集団を作る上で、「自治を持たせる」という戦略を取ったのですが、なかなか上手くいきませんでした。

各子会社が感覚的に独立していってしまうんですね。元々一つの会社（国家）だったのだから、ある意味当然の結果だったのかもしれません。

なぜこうなるのかを長らく考えた結果、たどり着いた答えが「理念の浸透」でした。たびたびアメリカで例えて恐縮ですが、「星条旗」や「自由と民主主義」のような、強烈な共通意思が私たちの会社には足りていなかったのです。

私の持つ「最強の企業集団」というイメージだけでは、フワッとしていて、各子会社に浸透し切れていませんでした。そこで、ＰＭＩにおいて最初にやるべき、そして最も重要なことが「理念」の浸透だと気づいたのです。

その結果、各社が個々で動きながらも、ベースに「理念」という一本の軸があることで、まとまりが出てきました。

言い換えれば、その軸がしっかりしていれば、３００億円や４００億円規模の企業集団も、決して難しいものではないと感じています。

具体的には、グループ全体の理念を明文化し、経営会議や研修等を通じて、繰り返し伝えていきながら、各社のビジョンやミッションを設定していくことが重要です。

いくつものM&Aを駆使して、貴社は上場を果たしますが、そこに至るまでの苦労としてはどういったものがありましたか？

上場に至るまでには、いくつもの苦労がありました……笑。

特に印象的だったのは、電気工事会社の買収を行った際のエピソードです。

当時、買収先の企業規模が自社とほぼ同じ規模だったんです。そのため、銀行からの融資が全然降りなかったんですね。

そこで、松丸さんに相談をして、さまざまな手段をご提案いただきました。LBO（※）を駆使することで、地方銀行の支店長を松丸氏に紹介していただき、なんとか融資を得ることができました。

銀行からは、なぜ同じ規模の会社で「合併」ではなく「買収」なのかなど、ずっと詰められましたね（笑）。でも、私たちの成長戦略や、買収によるシナジー効果を丁寧に説明することで、理解を得ることができました。

結果的に、調印式は融資をくださった地方銀行で行うことができ、とても良い思い出です。

2018年に東京プロマーケットに上場したのち、M&Aの戦略としてはどういった変化がありましたか？

正直なところ、当初は「岐阜県多治見市という片田舎から上場企業を出す！」というある種のカッコよさが、上場の目的になっていた部分がありました。笑しかし、上場後は状況が一変しました。特に、M&A戦略における資金調達のしやすさは全く違うものになりました。上場企業には監査法人がつくので、資産に対する信用度合いが格段に上がるんです。これによって、より柔軟かつ挑戦的な選択を取れるようになったと感じています。

具体的には、以前は資金面の制約から、買収先の選定も慎重にならざるを得ませんでした。しかし、上場後は、将来性があり、シナジーが見込める企業であれば、より積極的にM&Aに取り組めるようになりました。

また、上場企業としての知名度や信用力も、M&Aを進める上で大きな武器になっています。買収先の企業や、その従業員の方々からも、より安心感を持って受け入れていただけるようになりました。

一方で、上場企業としての責任の重さも痛感しています。ステークホルダーへの説明責任や、コーポレートガバナンスの重要性が一層増しました。M&Aについても、より慎重かつ戦略的に取り組む必要があります。

上場後のM&A戦略は、より長期的な視点に立ったものになったと言えるでしょう。短期的な利益だけでなく、企業価値の持続的な向上を目指す。そのために、買収先企業との真のシナジーを追求し、Win-Winの関係を構築していく。そんな姿勢が、より重要になってきていると感じています。

ひかりホールディングスの次の一手、戦略などはどういったものをお考えですか？

私たちの次なる目標は、名古屋証券取引所への上場です。

そもそも、上場を目指した理由は、成長を加速させる上で「間接金融」だけでは限界があると感じたからです。表現が難しいですが、常に金融機関の顔色を伺いながら付き合いを続けていくことへの厳しさがあるんですね。しかも、銀行からの融資は「負債」となってしまいます。

それが、株主から直接資金を調達することで、よりスピーディな成長を実現することが可能になりました。上場によって、国内に今も多く存在する、優れた技術や人材を持つ企業をＭ＆Ａし、さらなる高みを目指していきたいと考えています。

私は、この「金融機関からの融資＝間接金融」と「株主からの出資＝直接金融」の違いを、中小企業の経営者の方々にぜひ知っていただきたいと思っています。間接金融に頼り過ぎると、成長のスピードに限界が出てきます。一方、直接金融を活用することで、より大胆な成長戦略を描くことができるようになります。

● 読者である「自社の売却を検討している方」へ向けて、買い手目線でのアドバイスをするとしたらどんなものがありますか？

自社の売却を検討されている経営者の方々へのアドバイスですが、買い手目線で言えば、シナジーと事業計画の「見える化」が重要だと思います。そして、何より大切なのがＰＭＩへの準備です。

特に、ＰＭＩにおいて重要なのが「自社の経営の仕組み化」です。先ほどもお伝えしましたが、中小企業はどうしても経営者やキーマンの属人的な部分が多くなりがちです。結果、買い手からすると、その見えない部分にどうしても不安が残ってしまうんですね。

その点、自社の経営が仕組み化されていれば、買い手としてもグッと評価がしやすくなります。具体的には、業務マニュアルの整備や、権限委譲の明確化などが挙げられます。経営者の個人的な能力に頼るのではなく、組織として機能する体制を作っておくことが大切です。

また、シナジーと事業計画の「見える化」も欠かせません。買い手は、対象企業とのシナジーをどれだけ実現できるかを重視します。だからこそ、売り手側は、自社の強みや独自性を明確に示し、買い手とのシナジーを具体的に提示できるようにしておく必要があると思います。

貴社のM&Aにおいてサポートを行った松丸の存在について、どういったメリットがありましたか?

松丸さんのサポートは、私たちにとって本当に大きかったですね。資金調達をはじめ、M&A、PMI、上場の全ての局面で、常に経営者目線で「未来を見据えたアドバイス」をいただけたことが何より心強かった。

経営者というのは、本当に孤独な存在なんです。本音で相談できる相手なんていないんですよ。同業の知り合いだって、突き詰めればライバルですからね。そんな中で、バイアスなく相談に乗ってくれて、本当に自社のことを考えてくれる人がいることが、どれだけ心強いか。

時には取っ組み合いをするぐらい、ダメなものはダメと戒めてくれる、そんな関係はコンサルタントとしてのサポートを超越して、ほぼ友情に近い関係です。

これは、経営者の方々に、ぜひ知っていただきたいと思います。

印象的なエピソードをもう一つ挙げるとすれば、松丸さんとの壁打ちです。M&Aを仕掛ける中で「会社をどうしたいのか?」という松丸さんとの対話を重ねる中で、ふと私から出てきたのが「上場をしたい」という言葉でした。

これは、松丸さんとの対話を通じて、初めて自社の未来像を言語化できた瞬間だったんです。

松丸さんは、私たちの考えに寄り添い、時には厳しい指摘もしてくださいました。でも、それは常に私たちの成長を願ってのことだと今でも感じます。

M&Aは、経営者にとって大きな決断を伴う挑戦ですよね。

その過程で、松丸さんのように、経営者目線でサポートしてくれる存在の重要性をぜひ感じていただけたらと思います。

未来創造グループ

代表弁護士　三谷 淳様

慶應義塾大学法学部出身。1996年に司法試験に最年少合格し、2000年の弁護士登録後は横浜の大手法律事務所に勤め、数多くの裁判を手がける。このころ旧日本軍の爆雷国家賠償訴訟に勝訴し、数々のマスコミに取り上げられる。

2006年に独立し、三谷総合法律事務所（現・未来創造弁護士法人）を設立。裁判で勝つことより「裁判にならない事が大切である」という考えのもと、徹底した紛争予防と交渉による早期解決を研究した結果、「日本一裁判しない弁護士」と称され、企業経営者から絶大な支持を受ける。

弁護士として数多くのM&A、経営相談を受ける中で、多く眼にする問題点としてはどんなものがありますか？

一言でいうと「透明度」の問題ですね。

会社の規模や社歴にもよりますが、中小企業では、株主構成がよくわからなくなっているケースが多く存在します。創業者が100パーセントの株式を持っていて、そのまま売却するという場合には問題ないんですが、親族への証券の発行や相続があったというケースで、株式が移転していたり、親族間で複数持ち合っていたりというケースの場合に、ちゃんと譲渡契約書がなかったり、取締役会の決議がされていなかったりということがあります。

中には、お父さんが勝手に税理士と相談して株主構成を変えてしまっているというケースも結構あったりするんです。

つまり、真の所有者が誰なのかということが曖昧になっているわけです。そうすると、売り手側は別に誰も揉めていないんだと言っていても、買い手側としては怖くて買えないという状況になります。ですので、揉めていない、間違いないということを整理して、書類を整えておくことがすごく大事になってきますね。

例えば、必要に応じて、その関係しそうな人全員の同意書を取って、「私は持っていないことで間違いありません」や「この人が株主で間違いありません」ということを揃えておきたいです。

M&Aには事業を売却するケースと株式を売却するケースがあると思うんですが、いずれにしても、買い手側としては、本当に自分がイニシアティブを取れるのかという一番肝心なところなので。意外とそこに気をかけないオーナーさんが多くいらっしゃいます。

そのほかで言えば、簿外債務があるんじゃないか？　というケース。

それから、取引先とのトラブルを潜在的に抱えているとか、未払い残業代といった潜在的なリスクは非常に大きくなりやすいので、やっぱり怖いですね。

特に、未払い残業代が発生している会社は、今問題が起きていなくても、全従業員の過去3年間の割増賃金と、その倍のペナルティーである付加金を支払うリスクを抱えているわけです。

そういったリスクを残してしまうと、結局価格のところに全部響いてきてしまうんです。

買い手側としては、怖いしリスクがある、わからないという疑問点があれば、全部その分安く買っておこうという方向に話が行ってしまう。

売り手側としては、できるだけ完璧な状態に近づければ近づけるほど、「わからないから安く買おう」というリスクがなくなっていくので、価格が上がってくるということになると思います。

ある程度時間を掛けてでも「何かあった時に責任を負います」ではなく「何も問題ありません」という状態にしておくのは良いのかなと思います。

実は、このような問題は、中小企業のM&Aにおいてとても頻繁に見られるものなんです。オーナー経営者の方々は、日々の業務に追われて、株主構成や書類の整備、リスク管理などに十分な注意を払えていないことが多いので。

でも、M&Aを成功させるためには、これらの問題に真摯に向き合い、できる限り透明性を高めておくことが不可欠なんです。買い手側からすれば、リスクが見えない企業は、いくら事業内容が魅力的でも、躊躇せざるを得ません。

一方、売り手側がしっかりと準備を整え、潜在的なリスクを可能な限り取り除いておけば、買い手側の安心感は格段に高まります。それは、自ずと売却価格にも反映されるはずです。

M&Aを検討するオーナー経営者の方々には、ぜひ早い段階から、株主構成の確認、書類の整備、リスクの洗い出しなどに取り組んでいただきたいです。弁護士や税理士、専門家などの専門家の力を借りながら、地道な準備を進めていくことが大切です。

透明性の高い企業は、M&Aにおいて大きなアドバンテージを持つことができます。逆に、透明性が低い企業は、いくら優れた事業を営んでいても、適正な評価を得ることが難しくなってしまう。これは、M&Aに限らず、企業経営全般に言えることだと思います。

経営者からM&Aの相談を受ける際に、どういった点を重視し、確認しますか?

皆さん一緒だと思うんですが、目的ですね。

何の目的でM&Aをするのか、しないのかを含めて考えられますか。ということを重視しています。

M&Aの目的は、経営者によって様々です。

当然、創業者の利益を取る、という資産の目的の方もいらっしゃいますし、より事業の発展、成長を加速させたいということもあります。あるいは、人材を承継させたいというケースもありますし、従業員を守りたい、取引先を守りたいというケースもあります。

そういった、その人その人によって異なる目的に、一番合った手段を探すという点を重視していますね。

M&Aは、企業にとって大きな転機となる経営判断です。

ですから、まずはその判断の根底にある目的を明確にすることが何より大切だと考えています。目的が曖昧なままM&Aに踏み切っても、成功への道筋は見えてこないでしょう。

そのため、経営者の方々からM&Aの相談を受ける際、私はまず「なぜM&Aを検討されているのですか?」と問いかけるようにしています。そこから、経営者の真意を汲み取り、目的を一緒に整理していく。これが、M&Aのファーストステップとなります。

例えば「事業の成長を加速させたい」という目的であれば、シナジーの見込めるパートナー企業を探すことが重要になります。一方、「従業員の雇用を守りたい」という目的であれば、従業員の処遇を重視する買い手を見つけることが優先課題となるでしょう。

このように、目的によって、M&Aのアプローチは大きく変わってきます。だからこそ、まずは目的を明確にすることが不可欠です。

売り手側と買い手側でのギャップが生まれてしまう原因とはなんだと思いますか？

売り手側から見える景色と買い手側から見える景色のギャップが、うまくいかない原因だと思うんです。

例えば、売り手側からすると、お客さんを大事にしたいとか、従業員を大事にしたいという思いの人と、早くお金をもらって手放したい、早く辞めたいという人とでは、当然モチベーションが違ってくる。

だから、そこをちゃんと買い手側も察して、キーマンをロックアップしたりするのが大事なのではないでしょうか。

それを形式的に、相手側のスタンスとして、ロックアップつけとけば事業は流れていくだろうという幻想だけで進めてしまうと、トラブルの原因になると思います。

売り手からすると、もう対価ももらったし、会社という価値、従業員、営業権、現預金等を渡しているから、それ以上はもう望まないでほしいと思うこともあると思うんですよね。

言い換えると、M&Aは買い手にとっては「会社同士の結婚」である一方で、売り手側の人からすれば離婚なんですよね。でも、離婚していてもなお、自社に繋ぎ止めようとするのがロックアップの一つの側面です。

だからオススメなのは、その価値観や感覚が近い人とM&Aを実行するのが良いと思います。事業への意識がウェットな人とドライな人がいると思うので、ウェットな人はウェットな人に渡すべきだし、ドライな人はドライな人に渡すべきだということですね。

M&Aにおいて、売り手と買い手のギャップは避けては通れない課題だと思います。両者の思惑や価値観が完全に一致することは、むしろ稀でしょう。問題は、そのギャップをいかに埋めていくかということです。

売り手側は、自社の企業文化や従業員、取引先との関係性などを大切にしたいと考えるでしょう。一方、買い手側は、投資に見合ったリターンを追求したいと考える。この両者の思惑をどう調整していくかが、M＆Aの成否を分けるポイントになります。

お話しいただいたギャップを埋める上で、三谷様がオススメする方法としては、どういったものがありますか？

私がM＆Aを検討している方に必ず言うことがあってですね、トップ同士でまず話をしてくださいと言うんです。トップ面談ですね。

大体、仲介会社が入って、色々な情報があって、今度価格の話に入って、というのが多いんですが、価格の話はいいけども、トップ同士話しましたかと。

まずそこの擦り合わせでマッチするところであれば検討の余地があると思います。そこから双方の要望にも応えられると思うし、そうじゃなくても「私は10億もらってもう手放したいんだ」という場合には、もうそこはドライに割り切ってしまって、そういう人には「買ったからにはもう自分の会社だから」と言う人とやった方がうまくいくはずです。

こっちはドライなのに、向こうがウェットでああだこうだと言われるのも、多分しんどいと思うんですよね。

それはもう結婚と一緒で相性の問題なので、どっちが偉いとかどっちが正しいではなく、話して合わないのであればやめましょう、と提案します。

逆にここから言えるのは、M&Aにおいて価格だけで判断してしまうのは、収入だけで相手を選ぶことに等しいのでやめましょう、ということです（笑）。

読者である売却を検討している方の一つの心配事として「競業避止(※)」があると思います。こちらについてはいかがでしょうか？

競業避止についてはなかなか難しいんですが、一定期間その競業はしないという当事者間の約束がある場合は、その約束が有効です。

ただ一方で、憲法にもあるように、人は誰でも好きな仕事をしていいという「職業選択の自由」がある中で、競業をしてはいけないという条件は違憲なんじゃないかという側面もあります。実際に数々の裁判例があるんですよ。

まずは両者間で約束があることが前提です。

だけど、約束がある場合に本当にその約束に縛られるかというと、約束があってもなかなか難しい……というのが裁判所の考え方なんです。

じゃあ、どういう場合に約束を守らなきゃいけなくなってしまうかというと、観

(※) 競業避止：従業員が会社を退職した後に、同業他社に就職したり、自ら競合事業を始めたりすることを一定期間制限する契約上の取り決めのこと。

点が4つぐらいあるんです。

1つは拘束の期間。

期間が未来永劫、競業をやっていけないという約束は、無効になる可能性は高いです。逆に1年だけはやっちゃダメですよという約束は、有効になることが多い。

それから、競業の範囲ですね。

範囲というのは業種と言い換えても良く、例えば業種もコンサルティングというとすごく広い。それが、M&Aのコンサルティングというと狭くなります。さらにM&Aの仲介というと、もっと狭くなりますよね。

というように、狭ければ狭いほど有効になりやすく、広ければ広いほど無効になりやすくなります。

それから3つ目に、エリアです。

例えば東京に前の会社があって、東京都では競業しちゃいけないのか、関東地方では競業してはいけないのか、はたまた日本では競業しちゃいけないのか、全世界で競業しちゃいけないのか。

これが狭ければ狭いほど有効になりやすく、広ければ広いほど無効になりやすいです。

それから最後に、その方の地位ですね。

例えば社長とか取締役とか経営者であれば、一定期間競業させないというのは有効になりやすいです。一方で、その方が部長とか、極端に言えば一社員に競業避止義務を負わせたとして、そんな影響力のない人を拘束しなくてもいいでしょうということで、無効になりやすいです。

この4つの観点から全体的に考えた時に、この人はこんな競業なら問題だとするのか、それよりも職業選択の自由の方を優先させるべきと考えるのかを、裁判所は判断しているんです。

なかなか回答するには難しいのですが、拘束する上で前述した4つの観点が具体的かつ狭ければ狭いほど、有効となりやすくなります。

また、これは別の観点になるんですが、こういった競業避止のトラブルで「あなたのやっていることは競業だ、だから取引やめてください」となると、場合によってはお互いのお客さんにもいろんな話が行くわけです。

何が言いたいかというと、これは「両者が傷つく」んです。

結果、そういったトラブルが起きると、お互いの会社の価値が落ちるんですね。

そのため、あらかじめそのM&Aの後に、売った側は何をするのかということを買う側もちゃんと気にして、お互いが想定した中での動きをするのが結局お互いのためになるんです。だからそこも、結局コミュニケーションが重要だと思います。

だからこそ、買収側と売却側が、誠実に話し合い、合理的な競業避止義務の内容を決めていくことが大切なのだと思います。お互いの利益を尊重し、Ｗｉｎ-Ｗｉｎの関係を構築する。それが、Ｍ＆Ａ成功の鍵を握るのではないでしょうか。

おわりに

まず読者の皆様、この本を手に取ってくださり、心より感謝を申し上げます。

この本には、私が長らく抱き続けてきた、日本の中小企業への思いと事業承継・M&Aに対する知識と経験を余すところなく入れ込んだつもりです。

そして執筆を終えた今、私の脳裏に去来するのは、事業承継とM&Aに立ち向かう経営者の皆様の姿です。

会社を譲る、譲らない、の決断に悩む方、後継者の不在に頭を抱える方、M&Aの荒波に揉まれる方。そのような方々と向き合う中で、私は「幸せな事業承継とM&A」の実現こそが、私の使命だと、改めて確信するに至りました。

本書が、そのような決断の岐路に立つ全ての経営者の方々にとって、一つの「道しるべ」となれば幸いです。事業承継やM&Aの道のりは決して平坦ではありませんが、その先には、企業も、そこで働く方も、そして社会も、みなが幸せになれる未来が待っているはず、という想いを込めて、本書のタイトルを『幸せな事業承継とM&A』としました。


また、本書を出版するにあたり、多くの方々のご支援とご協力を賜りました。

まず何より、お忙しい中、快く取材にご協力くださった竹内様、平賀様、倉地様、三谷様に心より感謝申し上げます。皆様の貴重な体験談と深い洞察がなければ、本書はここまで説得力と価値のある内容にはなり得ませんでした。

改めて御礼申し上げるとともに、皆様の益々のご発展を祈念いたします。

そして、いつも支えてくれている妻と息子に感謝を。二人の理解と協力なしには、この本を完成させることはできませんでした。


私は今後も、一社でも多くの中小企業が「幸せな事業承継とM&A」を実現できるよう、微力ながら支援を続けていく所存です。

事業承継やM&Aをご検討中の経営者の皆様、どうかお気軽にご相談ください。私とスタッフ一同、全身全霊で皆様の将来を照らすお手伝いをさせていただきます。

最後になりましたが、本書を手に取ってくださった全ての読者の皆様に、心からの感謝を申し上げます。皆様の会社が、100年、200年と続く「いい会社」であり続けることを、心より祈念しております。

2024年5月

株式会社テイクコンサルティング　代表取締役　松丸史郎

元銀行員 × 経営者が教える
幸せになるための事業承継と M&A

読者特典のご案内

「自社の事業売却について相談したい！」

「本当に売れるのかみて欲しい！」

というみなさまへ

著者・松丸史郎による
テイクタイム（1時間）を
プレゼントいたします

HP の「Contact」から「書籍を読んで」と記載のうえ、
お問い合わせください

https://take-ma.jp

※読者特典は、予告なく変更・終了する場合がございます

[著者略歴]

松丸史郎（まつまる・しろう）

株式会社テイクコンサルティング代表取締役。早稲田大学社会科学部卒。愛知県出身。22年間銀行員として法人向けに融資・法的整理・再生実務などを経験。その後10年以上にわたり、事業承継・M&Aコンサルタントとして中小企業の事業承継に深く従事している。

常に「現場と人に根付いたコンサルティング」を実践・実装し、その手腕で数多くの事業承継支援や経営指導を成功に導く。

また、自身が起業の経験・売却の経験を有しており、経営者の気持ちを汲み取った条件、知財や従業員も守る売却を目指している。中小企業の存続が日本の繁栄に不可欠であるという信念のもと、中小企業を専門に売り手と買い手が幸せなになる事業承継・M&Aを行う「株式会社テイクコンサルテイング」を2015年4月に設立。日々忙しい経営者にとって一番大事にしてほしい「急ぎではないが重要」なことを考えるための時間—「テイクタイム」を伝えている。

ホームページ：https://take-ma.jp

元《もと》銀《ぎん》行《こう》員《いん》×経《けい》営《えい》者《しゃ》が教《おし》える
幸《しあわ》せになるための事《じ》業《ぎょう》承《しょう》継《けい》とM&A

2024年6月11日　初版発行

著　者　松丸史郎

発行者　小早川幸一郎

発　行　株式会社クロスメディア・パブリッシング
〒151-0051 東京都渋谷区千駄ヶ谷4-20-3 東栄神宮外苑ビル
https://www.cm-publishing.co.jp
◎本の内容に関するお問い合わせ先：TEL(03) 5413-3140／FAX(03) 5413-3141

発　売　株式会社インプレス
〒101-0051 東京都千代田区神田神保町一丁目105番地
◎乱丁本・落丁本などのお問い合わせ先：FAX(03) 6837-5023
service@impress.co.jp
※古書店で購入されたものについてはお取り替えできません

印刷・製本　株式会社シナノ

　ISBN978-4-295-40983-0　C2034